Münz-Tabellen

für

Nelkenbrechers Taschenbuch

(siebenzehnte Auflage).

Von

H. C. Kandelhardt,
Königlich-Preußischem General-Münz-Wardein.

Berlin, 1848.
Druck und Verlag von G. Reimer.

Vorwort.

Die nachfolgenden, der siebenzehnten Auflage des Nelkenbrecherschen Taschenbuchs beigegebenen Münztabellen zerfallen in zwei Abtheilungen, in ideale oder Rechnungs-Münzen und in materielle oder wirklich geprägte Münzen. Sie durften, ihrer Bestimmung nach, nicht zu weit ausgedehnt werden und daher nur die gegenwärtig im Handel und Verkehr gebräuchlichen Münzen enthalten. Alles, was über die, seit der letzten Auflage v. J. 1841 entstandenen Veränderungen im Münzwesen in Erfahrung gebracht werden konnte, ist hinzugefügt, so wie auch, was nach neuen und genaueren Mittheilungen einer Verbesserung fähig war, abgeändert. Ganz besonders sind überall die gesetzlichen Bestimmungen berücksichtigt und eingeführt, die, aus eigenen und fremden Untersuchungen hervorgegangenen Resultate aber nur aufgenommen, wo entweder die Münzgesetze und Verordnungen nicht bekannt geworden sind oder, wo sie für die Ausführung der gesetzlichen Bestimmungen zeugen sollen.

Durch die im Jahr 1838 in Dresden abgeschlossene Münzconvention haben die sämmtlichen Zollvereinsstaaten, so wie früher und später, bei Einführung des 14 Thalerfußes, auch andere deutsche Staaten, die Preußisch-Kölnische Mark von 233,8555 franz. Grammen als Grundlage des Münzwesens angenommen, worauf denn auch hier die Gewichte solcher Staaten, die nicht eine Kölnische Mark als Münzgewicht haben, zurückgeführt sind. Bei den übrigen wenigen, auch nach Kölnischen Marken die Münzung bestimmenden Staaten, hat jedoch die geringe Verschiedenheit derselben gegen die Vereinsmark nicht berücksichtigt werden dürfen, indem dadurch eine Veränderung in den Münzfüßen zum Vorschein gekommen sein würde. Das Verhältniß des Englischen Münzgewichts ist, nach dem Durchschnitts-Ergebniß von mehreren, Vertrauen verdienenden Untersuchungen, aus den vorigen Tabellen, zu 3609,278 Engl. Troy-Grains = 1 Kölnisch-Preuß. Mark, beibehalten. Von den, nur in Deutschland noch gebräuchlichen holländischen Assen sind, nach Verhältniß des Niederländischen Gewichts zur Preußisch-Köln. Mark, genau genommen 4865,578 holländ. Asse auf eine solche zu rechnen, die in den Comtoiren gebräuchlichen Aß-Gewichte enthalten aber gewöhnlich die Eintheilung der Mark in 4864 holl. Assen, weshalb diese, als praktisch für die Bestimmung des Gewichts der Goldmünzen, ebenfalls beibehalten wurde.

Die Rechnungsmünzen und auch die Silbermünzen sind nach den in Deutschland jetzt bestehenden drei Haupt-Münzfüßen, dem $13\frac{1}{3}$ Thaler- oder 20 Gulden-, dem $24\frac{1}{2}$ Gulden- und dem 14 Thalerfuß bestimmt, wodurch diese Tabellen für alle deutsche Staaten gleich brauchbar geworden sind.

Das im Königreich Preußen durch die Kabinetsorder vom 21. Novbr. 1831 bei den Königl. Kassen eingeführte

Werthverhältniß des Preuß. Friedrichsd'or von 5⅔ Thalern im 14 Thalerfuß, wozu derselbe auch jetzt noch im Verkehr in Preußen, ungeachtet des bedeutenden Schwankens des Goldpreises, angenommen und ausgegeben wird, ist, als ein feststehendes, für alle Goldmünzen zu einer Vergleichung mit dem Friedrichsd'or-Courantwerth, neben der mit gesetzmäßigen Friedrichsd'or-Goldthalern, benutzt und auch bei Bestimmung der Goldvaluten unter den Rechnungsmünzen zu Grunde gelegt worden.

In der Tabelle der Silbermünzen finden sich viele Feingehalte mit einem Sternchen bezeichnet, wodurch angedeutet werden soll, daß hierbei das Probirverfahren mittelst Auflösung des Silbers oder auf nassem Wege, anstatt der bisherigen Gehaltsbestimmung mit Hülfe der Kapelle oder auf trocknem Wege, in Anwendung gekommen ist. Dieses, im Jahr 1830 zuerst in Frankreich neu eingeführte Probirverfahren macht eine größere Genauigkeit und Uebereinstimmung der Gehalte möglich, und giebt den wahren, nämlich: bei feinem Silber um 1 Grän, bei 14löthigem um 1¼ Grän, bei 12löthigem um 1½ Grän, bei 10löthigem um 2 Grän, bei 8löthigem um 1½ Grän, bei 6löthigem um 1 Grän, bei 4löthigem um ¾ Grän, bei 2löthigem um ½ Grän höheren Silbergehalt, als die Kapelle an. Da jedoch dieses Verfahren, mit wenigen Ausnahmen, im Silberhandel in Deutschland noch nicht eingeführt ist, so haben fast alle, auf Untersuchung gegründete Silber-Gehalte nach der Kapelle jetzt noch angegeben, und diejenigen Münzen, bei denen die neue Gehaltsbestimmung, so viel man in Erfahrung bringen konnte, eingetreten ist, durch das Sternchen bemerklich gemacht werden müssen, welche also auf der Kapelle einen verhältnißmäßig geringeren Gehalt erwarten lassen.

In denjenigen Zollvereins-Staaten, wo man im Jahr 1837 zum 24½ Guldenfuß übergegangen ist, sind die bis dahin im 24 Guldenfuß ausgebrachten 24, 12 und auch wohl 6 Kreuzer-Stücke, mit Beibehaltung ihrer Geltung im Umlauf geblieben. Es ist daher bei diesen Münzen unter dem ursprünglich gesetzmäßigen auch der gegenwärtige Umlaufswerth mit aufgenommen. Eben so ist bei der Silber-Scheidemünze der Realwerth, d. h. der innere Silberwerth, und darunter der Nominalwerth, d. h. ihre Geltung, angezeigt worden.

Im Anhang zu diesen Tabellen findet man endlich noch die Russischen Platina-Münzen aufgeführt.

Berlin, im Februar 1848.

K.

I.

Tabelle

der

gebräuchlichsten Rechnungsmünzen

aller Länder.

Rechnungsmünzen.	A. 1 Köln. Mark fein Silber sind zu rechnen	Werth eines Stückes im 13⅓ Thl. od. 20 Fl. Fuß.	24½ Fl. Fuß.	14 Thl. Fuß oder Pr. Cour.
	Stück.	Thaler.	Gulden.	Thaler.
Abyssinien.				
Unze (Wakih, Wakea) Gold, nach ihrem Werth zum Preußischen Friedrichsd'or circa	$\frac{7}{11}$	20,9523	38,5000	22,0000
Aegypten.				
Piaster (nach den Silberausmünzungen u. tarif. Münzen) circa (siehe auch die Türkei.)	200	0,0667	0,1225	0,0700
Mexikan. oder Span. Piaster . .	9,674	1,3782	2,5325	1,4471
Pataca oder Convent. Species .	10	1,3333	2,4500	1,4000
Algier.				
Buschu od. Budjuk à 48 Musunen				
im Jahre 1834	28	0,4762	0,8750	0,5000
im Jahre 1841	28,87	0,4618	0,8486	0,4849
Mexikanische Piaster	9,674	1,3782	2,5325	1,4471
Franz. Franken	51,968	0,2566	0,4714	0,2694
Anhaltische Herzogthümer.				
Thaler zu 24 Ggr. à 12 Pf. . . .	14	0,9524	1,7500	1,0000
Arabien.				
Arabischer Piaster zu 80 Caveers Cour.	11,754	1,1344	2,0844	1,1911
Spanischer Piaster zu 40 Caveers	9,674	1,3782	2,5325	1,4471
Pataca oder Convent. Species .	10	1,3333	2,4500	1,4000
In Bussorah wie in Persien.				
In Judda, Cruse zu 40 Duanis	2,418	5,5128	10,1298	5,7885
Araucaner, s. Südamerikan. Freistaaten.				
Azorische Ins., wie Portugal.				
Baden.				
Gulden zu 60 Kreuzer à 4 Pf. . .	24½	0,5442	1,0000	0,5714
Aeltere Rechnung:				
Gulden zu 60 Kreuzer à 4 Pf. . .	24	0,5555	1,0208	0,5833
Thaler (1828) zu 100 Kreuzer . .	14$\frac{8}{11}$	0,9053	1,6636	0,9506

Rechnungsmünzen.	A. 1 Köln. Mark fein Silber sind zu rechnen	Werth eines Stückes im 13⅓ Thl. od. 20 Fl. Fuß.	24½ Fl. Fuß.	14 Thl. Fuß oder Pr. Cour.
	Stück.	Thaler.	Gulden.	Thaler.
Bayern.				
Gulden zu 60 Kreuzer à 4 Pf. .	24½	0,5442	1,0000	0,5714
Aeltere Rechnung:				
Reichsthaler à 90 Kreuzer	16	0,8333	1,5312	0,8750
Gulden à 60 Kreuzer	24	0,5555	1,0208	0,5833
Fränkischer Gulden à 20 Gr. des 16 Thlr. Fußes	19,2	0,6944	1,2760	0,7292
Belgien.				
Franken zu 100 Centimen	51,968	0,2566	0,4714	0,2694
Böhmen, wie Oesterreich.				
Bolivia, s. Südamer. Freistaat.				
Brasilien.				
Milreïs oder 1000 Reïs.				
In Silber, nach den neueren Ausmünzungen	11,756	1,1342	2,0840	1,1909
In Papier, zufolge Gesetz vom 11. Septbr. 1846,				
nach dem Goldcours	18,137	0,7351	1,3508	0,7719
nach dem Silbercours . . .	18,575	0,7178	1,3190	0,7537
Braunschweig.				
Thaler zu 24 Ggr. à 12 Pf. oder 36 Mariengr. à 8 Pf. im Convent.-Fuß	13⅓	1,0000	1,8375	1,0500
Seit 1834:				
Thaler zu 24 Ggr. à 12 Pf. . . .	14	0,9524	1,7500	1,0000
Bremen.				
Preuß. Friedrichsd'or zu 5 ₰, à 72 Groten à 5 Schwaren . . .	2,471	5,3968	9,9167	5,6667
Pistolen zu 5 ₰, à 72 Groten à 5 Schwaren	2,504	5,3231	9,7825	5,5900
(Diese Goldvaluta ist gegen Silber von veränderlichem Werth.)				
Buenos Ayres, s. Südamerikanische Freistaaten.				

Rechnungsmünzen.	A. 1 Köln. Mark fein Silber sind zu rechnen	Werth eines Stückes im 13⅓ Thl. od. 20 Fl. Fuß.	24½ Fl. Fuß.	14 Thl. Fuß oder Pr. Cour.
	Stück.	Thaler.	Gulden.	Thaler.
Canada, s. Kanada.				
Canarische Inseln, s. Kanarische Inseln.				
Candia, s. die Türkei.				
Cap, s. Vorgebirge der guten Hoffnung.				
Chile, s. Südam. Freistaaten.				
China.				
Taël (Tähl) = 10 Tsien (Mäs) = 100 Fun (Candarins) = 1000 Li (Cäsch) = 10000 Hao = 100000 Ssi:				
nach d. Course d. Span. Piasters (72 = 100)	6,965	1,9143	3,5175	2,0100
nach dem innern Werth zu 6 Schill. 0,053 den. Sterl. . . .	6,780	1,9666	3,6137	2,0650
nach Annahme in d. Büchern d. Ostind. Comp. zu 6⅔ Schill. Sterl.	6,106	2,1856	4,0123	2,2928
(1 Pfd. Sterl. = 6,8783 Thl. Preuß.)				
Columbien, s. Südamerikan. Freistaaten.				
Corfu, s. Jonische Inseln.				
Cuba, s. Westindien.				
Dänemark.				
Reichsbankthaler zu 6 Reichsbankmark à 16 Reichsbankschillingen	18,5	0,7207	1,3243	0,7568
Reichsthlr. zu 6 Mark, à 16 Schill. Dän. od. auch zu 4 Ort à 24 Sch.				
in wirkl. Species	9,250	1,4414	2,6486	1,5135
in Sundischer Spec. Valuta .	9,512	1,4017	2,5757	1,4718
in Kronenvaluta	10,701	1,2460	2,2895	1,3083
in Dänischem Courant	11,370	1,1727	2,1548	1,2313

Rechnungsmünzen.	A. 1 Köln. Mark fein Silber sind zu rechnen	Werth eines Stückes im 13⅓ Thl. od. 20 Fl. Fuß.	24½ Fl. Fuß.	14 Thl. Fuß oder Pr. Cour.
	Stück.	Thaler.	Gulden.	Thaler.
Ecuador, s. Südamerikan. Freistaaten.				
England, s. Großbrittannien.				
Färoer-Inseln (Dänisch.).				
Gulden zu 5 Mark, 20 Felle, oder 80 Schill. Dän.	13,875	0,9610	1,7658	1,0090
(S. auch Dänemark).				
Fez, s. Marokko.				
Fezzan.				
Mitkul zu 20 Xarobs od. 80 Gran	4,200	3,1746	5,8333	3,3333
Frankfurt a. M.				
Gulden zu 60 Kreuzer à 4 Pf. . .	24,5	0,5442	1,0000	0,5714
Aeltere Rechnung:				
Gulden zu 60 Kr. à 4 Pf. i. Conv. F.	20	0,6667	1,2250	0,7000
Thaler zu 90 Kr. im Conv. Fuß .	13⅓	1,0000	1,8375	1,0500
Guld. zu 60 Kr. à 4 Pf. i. 24 Fl. F.	24	0,5555	1,0208	0,5833
Thaler zu 90 Kr. im 24 Fl. Fuß . .	16	0,8333	1,5312	0,8750
Frankreich.				
Franken zu 10 Decimen oder 100 Centimen	51,968	0,2566	0,4714	0,2694
Alte Rechnung:				
Écu zu 3 Livres tournois	17,539	0,7602	1,3969	0,7982
Liv. tourn. zu 20 Sols à 12 Deniers	52,617	0,2534	0,4656	0,2661
Georgien (Tiflis).				
Abazes zu 20 Karthuli-Thetri .	81,436	0,1637	0,3008	0,1719
Gibraltar.				
Pfd. Sterl., wie Großbrittannien.				
Dollar (Cob) oder Span. Piaster zu 12 Realen à 16 Quartos . .	9,674	1,3782	2,5325	1,4471
Griechenland.				
Drachma zu 100 Lepta (1833) .	58,039	0,2297	0,4221	0,2412

Rechnungsmünzen.	A. 1 Köln. Mark fein Silber sind zu rechnen	Werth eines Stückes im 13⅓ Thl. od. 20 Fl. Fuß.	24½ Fl. Fuß.	14 Thl. Fuß oder Pr. Cour.
	Stück.	Thaler.	Gulden.	Thaler.
Griechenland.				
Früh.: Phönix zu 100 Lepta (1828)	58,046	0,2297	0,4221	0,2412
Spanischer Piaster oder Talaro .	9,674	1,3782	2,5325	1,4471
Großbrittannien.				
Pfund Sterl. zu 20 Schill. Sterl. à 12 Pences Sterl., ist eine Gold-Valuta und daher gegen Silber-Werthmesser von veränderlichem Werthe. Bei dem zwischen gesetzmäßigem Friedrichsd'or-Gold u. dem 14 Thaler Fuß*) jetzt anzunehmenden Werthverhältniß von 1 zu 15,6923 ist der Werth eines Pfundes Sterling	2,035	6,5507	12,0370	6,8783
(Siehe die Sovereigns od. Pfundstücke unt. Großbritt. Goldm.)				
*) Eine Vergleichung der Engl. Münzfüße unter sich giebt, wegen des hohen Ausbringens der Engl. Silbermünzen, ein ungenügendes Resultat.				
Guinea, in West-Afrika.				
Spanischer Piaster oder Dollar zu 100 Cents	9,674	1,3782	2,5325	1,4471
Macuta zu 2000 Cauris od. Zembis	109	0,1223	0,2248	0,1284
Früher rechnete man nach:				
Thalern Guineisch Courant, Moeo genannt, zu 48 Dames, oder 1920 Boss oder Cauris	14,25	0,9357	1,7193	0,9824
Cabes oder 2 Thaler in den Dän. Besitz. zu 3840 Cauris, in Dahomei u. Whidah zu 4000 Cauris	7,125	1,8713	3,4386	1,9649
Hayti, s. Westindien.				
Hamburg.				
Reichsthaler zu 48 Schill. Lübisch:				
in Bancovaluta	9¼	1,4414	2,6486	1,5135
in altem Courant	11⅓	1,1765	2,1618	1,2353
in neuem Courant.	11⅔	1,1429	2,1000	1,2000

Rechnungsmünzen.	A. 1 Köln. Mark fein Silber sind zu rechnen	Werth eines Stückes im 13⅓ Thl. od. 20 Fl. Fuß.	24½ Fl. Fuß.	14 Thl. Fuß oder Pr. Cour.
	Stück.	Thaler.	Gulden.	Thaler.
Hamburg.				
Mark zu 16 Schill. à 12 Pfennige:				
in Banco	27¾	0,4805	0,8829	0,5045
in altem Courant	34	0,3922	0,7206	0,4118
in neuem Courant	35	0,3810	0,7000	0,4000
Hannover.				
Von 1816 bis 1834:				
Thaler zu 24 Ggr. à 12 Pf. . .	13⅓	1,0000	1,8375	1,0500
Seit 1834:				
Thaler zu 24 Ggr. à 12 Pf. . .	14	0,9524	1,7500	1,0000
Hessen (Cassel) Kurfürstth.				
In Oberhessen:				
Gulden zu 60 Kr.	24	0,5555	1,0208	0,5833
Seit 1837: Gulden zu 60 Kr. . .	24½	0,5442	1,0000	0,5714
In Niederhessen:				
Thlr. Cour. zu 32 Hess. Albus à 12 Hellern od. 24 Ggr. à 16 Hellern	13⅓	1,0000	1,8375	1,0500
Seit 1819 und nach dem Gesetz v. 3. Mai 1834, Thlr. zu 24 Ggr., und seit 1840, zu 30 Silbergr. à 12 Hellern.	14	0,9524	1,7500	1,0000
Hessen (Darmstadt), Großherzogthum.				
Aeltere Rechnung:				
Gulden zu 60 Kreuzern à 4 Pf. .	24	0,5555	1,0208	0,5833
Seit 1837: Guld. zu 60 Kreuzern à 4 Pf.	24½	0,5442	1,0000	0,5714
Hessen (Homburg), Landgrafschaft.				
Gulden zu 60 Kreuzern à 4 Pf. .	24½	0,5442	1,0000	0,5714
Hohenzollern.				
(Hechingen und Sigmaringen.)				
Früher: Guld. zu 60 Kr. à 4 Pf.	24	0,5555	1,0208	0,5833
Jetzt: Guld. zu 60 Kr. à 4 Pf. .	24½	0,5442	1,0000	0,5714

Rechnungsmünzen.	A. 1 Köln. Mark fein Silber sind zu rechnen	Werth eines Stückes im 13⅓ Thl. od. 20 Fl. Fuß.	24½ Fl. Fuß.	14 Thl. Fuß oder Pr. Cour.
	Stück.	Thaler.	Gulden.	Thaler.
Holland, s. Niederlande.				
Jamaica, s. Westindien.				
Japan.				
Monme (Mas) zu 10 Pun, 100 Rin oder 1000 Moo	133,631	0,0998	0,1833	0,1048
Tail zu 10 Monme (Mas)	13,363	0,9978	1,8334	1,0477
Tail, nach niederländ. Untersuch.	14,779	0,9022	1,6578	0,9473
Tail oder Tale, n. engl. Angaben	6,950	1,9185	3,5252	2,0144
Jonische Inseln.				
Dollar, Spanischer Piaster zu 100 Cents oder Oboli	9,674	1,3782	2,5325	1,4471
Piaster, zu 40 Paras, 6¾ gleich 1 Span. Piaster	65,302	0,2042	0,3752	0,2144
Irland.				
Pfund zu 20 Schill., à 20 Pence Irisch (Goldvaluta) circa . . (S. auch Großbrittannien.)	2,205	6,0469	11,1111	6,3492
Island, wie Dänemark.				
Isle de Bourbon.				
Spanischer Piaster zu 100 Cents oder zu 10 Livres, à 20 Sols . (s. auch Mauritius.)	9,674	1,3782	2,5325	1,4471
Kanada.				
Pfund zu 20 Schill. à 12 Pf. Cour., $\frac{9}{10}$ des Engl. Pfund Sterl. . .	2,262	5,8955	10,8330	6,1903
Nach d. Cours d. Amerik. Piast.	2,419	5,5128	10,1298	5,7885
Livre zu 20 Sols à 12 Deniers, altes Cour., nach Sterl.-Valuta	54,277	0,2456	0,4514	0,2579
Nach d. Cours d. Amerik. Piast.	58,046	0,2297	0,4221	0,2412
Kanarische Inseln.				
Real de Vellon = 8½ Quartos = 34 Maravedis de Vellon . . .	193,488	0,0689	0,1266	0,0723

Rechnungsmünzen.	A. 1 Köln. Mark fein Silber sind zu rechnen	Werth eines Stückes im 13⅓ Thl. od. 20 Fl. Fuß.	24½ Fl. Fuß.	14 Thl. Fuß oder Pr. Cour.
	Stück.	Thaler.	Gulden.	Thaler.
Kanarische Inseln.				
Peso Cour. = 8 Reales de Plata = 10 Reales Courant = 128 Quartos	12,899	1,0337	1,8993	1,0853
Peso fuerte (Piaster) = 20 Reales de Vellon = 170 Quartos = 680 Maravedis de Vellon .	9,674	1,3782	2,5325	1,4471
Khiwa.				
Tilla zu 14 Abasse à 2 Tenga's à 40 Pul's oder Karapul's, circa	3,713	3,5913	6,5989	3,7709
Kirchenstaat.				
Scudo romano (Piast.) zu 10 Paoli oder 100 Bajocchi à 5 Quatrini (In Ancona a. noch zu 20 Soldi à 12 Denari)	9,660	1,3802	2,5362	1,4492
In Bologna: Lira zu 20 Soldi à 12 Denari				
in Wechselgeld, Banco . . .	47,123	0,2829	0,5199	0,2971
in Courant, Fuori Banco .	48,301	0,2760	0,5072	0,2898
Krakau.				
Früher: Gulden zu 30 Groschen .	85,853	0,1553	0,2854	0,1631
Seit 1847: wie Oesterreich.				
Lippe-Detmold.				
Früher: Thaler zu 36 Mariengr. à 6 Pfennigen, diese à 2 Hellern	13⅓	1,0000	1,8375	1,0500
Jetzt: Thlr. zu 30 Silbgr. à 12 Pf.	14	0,9524	1,7500	1,0000
Lippe-Schauenburg.				
Früher: Thlr. zu 24 Ggr. oder 36 Mariengroschen	13⅓	1,0000	1,8375	1,0500
Jetzt: Thlr. zu 24 Ggr. à 12 Pf. oder zu 30 Silbgr. à 12 Pf. . .	14	0,9524	1,7500	1,0000
Lombard.-Venet. Königr.				
Lira austriaca zu 100 Centesimi (= 20 Kreuzer)	60	0,2222	0,4083	0,2333

Rechnungsmünzen.	A. 1 Köln. Mark fein Silber sind zu rechnen	Werth eines Stückes im 13⅓ Thl. od. 20 Fl. Fuß.	24½ Fl. Fuß.	14 Thl. Fuß oder Pr. Cour.
	Stück.	Thaler.	Gulden.	Thaler.
Lombard.-Venet. Königr.				
Aeltere Währungen.				
Nach Verhältniß der Münzfüße:				
Lira italiana zu 100 Centesimi	51,968	0,2566	0,4714	0,2694
Nach gesetzlicher Bestimmung vom 1. Novbr. 1823:				
Lira italiana zu 100 Centesimi .	52,200	0,2554	0,4693	0,2682
Mailändische Lira zu 20 Soldi .	67,969	0,1962	0,3605	0,2060
Venetianische Lira zu 20 Soldi .	101,953	0,1308	0,2403	0,1373
Lucca.				
Neue Lira zu 20 Soldi (seit 1833)	51,968	0,2566	0,4714	0,2694
Alte Lira zu 20 Soldi à 12 Denari di Lira	69,291	0,1924	0,3536	0,2020
Scudo d'oro zu 20 Soldi à 12 Denari d'oro = 7½ Lire	9,239	1,4432	2,6519	1,5154
Lübeck.				
Altes Courant:				
Thaler Lüb. zu 48 Schill. à 12 Pf.	11⅓	1,1765	2,1618	1,2353
Mark Lüb. zu 16 Schill. à 12 Pf.	34	0,3922	0,7206	0,4118
Neues Courant:				
Thaler zu 48 Schill. à 12 Pf. . .	11⅔	1,1429	2,1000	1,2000
Mark zu 16 Schill. à 12 Pf. . . .	35	0,3810	0,7000	0,4000
Luxemburg.				
Gulden zu 100 Cents (1816) . .	24,327	0,5481	1,0071	0,5755
Gulden zu 100 Cents, seit 1839.	24,747	0,5388	0,9900	0,5657
Franken zu 100 Centimen	51,968	0,2566	0,4714	0,2694
Madeira, s. Portugal.				
Mailand, s. Lombard.-Venet. Königreich.				
Malta.				
Aeltere Rechnungsmünzen:				
Oncia zu 2½ Scudi	9,455	1,4102	2,5912	1,4807
Scudo zu 12 Tari à 20 Grani .	23,638	0,5641	1,0365	0,5923
(Neuere Rechnungsmünzen, wie Großbrittannien.)				

Rechnungsmünzen.	A. 1 Köln. Mark fein Silber sind zu rechnen	Werth eines Stückes im 13⅓ Thl. od. 20 Fl. Fuß.	24½ Fl. Fuß.	14 Thl. Fuß oder Pr. Cour.
	Stück.	Thaler.	Gulden.	Thaler.
Marokko.				
Ducado zu 10 Unzen	14,512	0,9188	1,6883	0,9641
Once (Dirhem) zu 4 Blanquilla's	145,116	0,0919	0,1688	0,0964
Peso od. Span. Piast. zu 15 Unz.	9,674	1,3782	2,5325	1,4471
Mauritius (Insel).				
Piaster oder Dollar zu 10 Livres, 100 Cents und 200 Sols ...	9,674	1,3782	2,5325	1,4471
Pfd.Sterl. zu 20 Schill. à 12 Pence, wie Großbrittannien.				
Mecklenburg-Schwerin.				
Früher:				
Reichsthlr. zu 24 Gr. od. 48 Schill.	11⅓	1,1765	2,1618	1,2353
Mark zu 8 Groschen od. 16 Schill.	34	0,3922	0,7206	0,4118
Thaler in neuen ⅔ Stücken ...	12	1,1111	2,0417	1,1667
Gulden oder neue ⅔ Stücke ...	18	0,7407	1,3611	0,7778
Nach d. Verord. v. 12. Jan. 1848:				
Thaler zu 48 Schill. à 12 Pf. ..	14	0,9524	1,7500	1,0000
Mecklenburg-Strelitz.				
Früher: Reichsthaler zu 24 Ggr. oder 48 Schill.	13⅓	1,0000	1,8375	1,0500
Seit 1846: Reichsthlr. zu 24 Ggr. oder 48 Schill.	14	0,9524	1,7500	1,0000
Mexico.				
Peso de Plata (Piast.) à 8 Reales (Dollar zu 100 Cents.)	9,674	1,3782	2,5325	1,4471
Real de Plata à 4 Quartillos ..	77,395	0,1723	0,3166	0,1809
Mittel-Amerika, s. Südamerikanische Freistaaten.				
Modena.				
Lira italiana zu 100 Centesimi	51,968	0,2566	0,4714	0,2694
Früher: Lira di Modena zu 20 Soldi à 12 Denari	135,418	0,0985	0,1809	0,1034
Lira di Reggio zu 20 Soldi à 12 Denari	203,126	0,0656	0,1206	0,0689

Rechnungsmünzen.	A. 1 Köln. Mark fein Silber sind zu rechnen	Werth eines Stückes im		
		13⅓ Thl. od. 20 Fl. Fuß.	24½ Fl. Fuß.	14 Thl. Fuß oder Pr. Cour.
	Stück.	Thaler.	Gulden.	Thaler.
Moldau.				
In Galatz: Piaster oder Lee zu 40 Paralle circa	175	0,0762	0,1400	0,0800
Nassau.				
Gulden zu 60 Kreuzern à 4 Pf. .	24,5	0,5442	1,0000	0,5714
Früher:				
Gulden zu 60 Kreuzern à 4 Pf. .	24	0,5555	1,0208	0,5833
Neapel, s. Sicilien.				
Neu-Granada, s. Südamerikanische Freistaaten.				
Neu-Holland (Engl. Besitz.).				
Pfd. Sterl. wie Großbrittannien.				
Span. u. Amer. Piast. à 5 Sch. Crt.				
Niederlande.				
Gulden zu 100 Cents (1816—39)	24,327	0,5481	1,0071	0,5755
Nach d. Gesetz v. 22. März 1839:				
Gulden zu 100 Cents	24,747	0,5388	0,9900	0,5657
Nigritien (Mittel-Afrika).				
Cauris von sehr veränderl. Werth. In den Jahren 1826 und 1827 galt der Span. Piaster in den Königreichen Youriba u. Houssa 1500 bis 3500 Cauris.				
Nordam. vereinigt. Staaten.				
Dollar (Piaster) zu 10 Dimes oder 100 Cents	9,722	1,3715	2,5201	1,4400
Norwegen.				
Speciesthaler zu 5 Ort (Mark) od. 120 Schillingen	9,250	1,4414	2,6486	1,5135
Oesterreich.				
Reichsgulden zu 60 Kreuzer . . .	20	0,6666	1,2250	0,7000

Rechnungsmünzen.	A. 1 Köln. Mark fein Silber sind zu rechnen	Werth eines Stückes im 13⅓ Thl. od. 20 Fl. Fuß.	24½ Fl. Fuß.	14 Thl. Fuß oder Pr. Cour.
	Stück.	Thaler.	Gulden.	Thaler.
Oesterreich.				
Reichsthaler zu 90 Kreuzer . . .	13⅓	1,0000	1,8375	1,0500
Gulden Wiener Währung (Einlösungsscheine) gesetzlich	50	0,2667	0,4900	0,2800
Oldenburg.				
Früher:				
Thaler (Gold) zu 72 Groten à 5 Schwaren, in:				
Preuß. Friedrichsd'or à 5 Thaler	12,353	1,0794	1,9833	1,1333
Pistolen à 5 Thaler	12,522	1,0646	1,9565	1,1180
(Goldvaluta, gegen Silb. veränd.)				
Seit dem 1. Octbr. 1846:				
Thlr. zu 72 Groten à 5 Schwaren	14	0,9524	1,7500	1,0000
Ostindien.				
Englische Besitzungen.				
Allgemeine, gesetzliche Company-Rupie	21,874	0,6095	1,1200	0,6400
Achem (Atschin) auf Sumatra.				
Tael zu 4 Paerdows, 16 Mas, 64 Copangs	2,142	6,2233	11,4352	6,5344
Ahmedabad, s. Silbermünzen.				
Ahmednuggur (desgl.)				
Amboina (Ambon), eine der Molukken.				
Reichsthlr. zu 8 Schill. od. 48 Stüver à 4 Deute	12,775	1,0437	1,9178	1,0959
Anjar, s. Silbermünzen.				
Anjengo (auf d. Küste Malabar).				
Fanam zu 12 Pices od. 16 Vis . .	109,371	0,1219	0,2240	0,1280
Arcot, wie Madras.				
Aurungabunder, in Sinde.				
Rupie zu 5 Carivals à 12 Pices	21,874	0,6095	1,1200	0,6400
Ava, s. Ranguhn.				

Rechnungsmünzen.	A. 1 Köln. Mark fein Silber sind zu rechnen	Werth eines Stückes im		
		13⅓ Thl. od. 20 Fl. Fuß.	24½ Fl. Fuß.	14 Thl. Fuß oder Pr. Cour.
	Stück.	Thaler.	Gulden.	Thaler.
Ostindien.				
Bagulcota, s. Silbermünzen.				
Banda (eine der Molukken), wie Amboina.				
Banjermassin (auf Borneo).				
Spanische Piaster	9,674	1,3782	2,5325	1,4471
Reichsthlr. zu 8 Schll. od. 48 Stüv.	12,775	1,0437	1,9178	1,0959
Bantam, s. Java.				
Baroda, s. Silbermünzen.				
Batavia, s. Java.				
Benares, s. Bengalen.				
Benkulen (auf Sumatra).				
Thaler zu 4 Sokūs à 8 Satallies	8,406	1,5862	2,9146	1,6655
Bengalen.				
Sicca-Rupie zu 16 Annas à 12 Pice	20,516	0,6499	1,1942	0,6824
Cour.-Rupie zu 16 Annas à 12 Pice	23,799	0,5602	1,0295	0,5883
Kauchau-Rechnung:				
1 Cauhun = 4 Annas = 16 Puns = 320 Gundas = 1280 Cauris (Muscheln)	95,196	0,1401	0,2574	0,1471
Paukau-Rechnung:				
1 Auka od. Rupie = 16 Annas = 64 Pic. od. Puns = 256 Quarters	23,799	0,5602	1,0295	0,5883
Birman. Reich, s. Ranguhn.				
Bombay.				
Rupie = 4 Quarters = 16 Annas = 400 Rees	21,874	0,6095	1,1200	0,6400
Fuddea = 2 Dūganeys = 4 Urdis = 8 Rees	1093,700	0,0122	0,0224	0,0128
Borneo, s. Banjermassin.				
Broach, s. Silbermünzen.				
Cachao (in Tonquin), wie China.				

Rechnungsmünzen.	A. 1 Köln. Mark fein Silber sind zu rechnen	Werth eines Stückes im 13⅓ Thl. od. 20 Fl. Fuß.	24½ Fl. Fuß.	14 Thl. Fuß oder Pr. Cour.
	Stück.	Thaler.	Gulden.	Thaler.
Ostindien.				
Calcutta, s. Bengalen.				
Calicut (auf d. Küste Malabar).				
Rupie zu 5 Fanams à 16 Tars od. Vis, od. zu 4 Quarters, 16 Annas od. 400 Rees	21,874	0,6095	1,1200	0,6400
Cambay (auf d. Küste Malabar).				
Rupie zu 48 Pice à 60 Baddams	21,874	0,6095	1,1200	0,6400
Cambodia in Hinterindien, s. Siam.				
Canonar, wie Bombay.				
Carwar (in Nord-Canara).				
Pagode zu 36 Fanams à 24 Büdgeruks, oder zu 48 Jettals à 6 Pice	5,010	2,6612	4,8900	2,7943
Celebes.				
Reichsthlr. zu 8 Schll. od. 48 Stüv.	12,899	1,0337	1,8994	1,0854
Spanischer Piaster	9,674	1,3782	2,5325	1,4471
Ceylon.				
Reichsthlr. zu 12 Fanams, 48 Pice und 144 Schalies	29,594	0,4505	0,8279	0,4731
Jetzt auch Englische Währung.				
Cochin (auf der Küste Malabar).				
Rupien zu 16 Annas od. 20 Fanams	21,874	0,6095	1,1200	0,6400
Cochinchina.				
Quans od. Spanische Piaster, zu 10 Maces à 60 Casch.	9,674	1,3782	2,5325	1,4471
Coimbatüre (in Mysore).				
Sult.-Rup. zu 16 Vischuns, circa	20,354	0,6557	1,2037	0,6878
Columbo, s. Ceylon.				
Darwar, wie Madras.				
Deckan-Puna (im südl. Marattenland), s. Silbermünzen.				

Rechnungsmünzen.	A. 1 Köln. Mark fein Silber sind zu rechnen	Werth eines Stückes im 13⅓ Thl. od. 20 Fl. Fuß.	24½ Fl. Fuß.	14 Thl. Fuß oder Pr. Cour.
	Stück.	Thaler.	Gulden.	Thaler.
Ostindien.				
Furruckabad, siehe, unter Silbermünzen, Bengalen.				
Goa.				
Gemeiner Pardo zu 4 guten oder 5 schlechten Tangas, 16 gut. od. 20 schl. Vintins, 300 gut. od. 375 schl. Büdgeruks, 240 gut. od. 300 schl. Reis	15,763	0,8458	1,5542	0,8881
Pardo-Xeraphim zu 5 gut. Tangas, 20 g. Vintins, 300 g. Reis	12,611	1,0573	1,9428	1,1102
In neueren Zeiten Münzen wie Portugal.				
Hyderabad, s. Silbermünzen.				
Indore, s. Malva.				
Java.				
Niederl. Gulden zu 4 Schillingen, 24 Holl. Stüvern, 30 Indischen Stüvern, 120 Deuten	24,747	0,5388	0,9900	0,5657
Auch Span. Piaster u. Rupien.				
Kotah, s. Malva.				
Macassar, s. Celebes.				
Madras.				
Alte Gold-Währung:				
Star-Pagoden zu 45 Fanams à 80 Casch .... circa	6,250	2,1333	3,9200	2,2400
Neue Silber-Währung:				
Rupien zu 16 Annas à 12 Pice .	21,874	0,6095	1,1200	0,6400
Magindanao (Philippin.-Ins.)				
Gandang zu 25 Stück Chinesische Kangans (Zeugstücke)	0,967	13,7821	25,3246	14,4712
Malacca, wie Celebes.				
Maldiven-Inseln.				
Larins .... circa	50	0,2667	0,4900	0,2800

Rechnungsmünzen.	A. 1 Köln. Mark fein Silber sind zu rechnen	Werth eines Stückes im 13⅓ Thl od. 20 Fl. Fuß.	24½ Fl. Fuß.	14 Thl. Fuß oder Pr Cour.
	Stück.	Thaler.	Gulden.	Thaler
Ostindien.				
Malva (in Central-Indien).				
Bengal. Cour. Rupien zu 16 Annas, 192 Pices, 384 Adillahs, 768 Chedaums oder Gundas, 1536 Dumries u. 18432 Cauris	23,799	0,5602	1,0295	0,5883
Mangalore.				
Sultan-Pagoden zu 4 Rupien .	5,469	2,4382	4,4802	2,5601
Silber-Rupien zu 5½ Silber-Fanams oder 10 Dudus	21,874	0,6095	1,1200	0,6400
Manilla (Philippinen-Insel).				
Span. Piast. zu 8 Real. à 34 Maravedis	9,674	1,3782	2,5325	1,4471
Masulipatam, wie Madras.				
Mysore (im südlichen Indien).				
Cantaria-Pagoden, zu 10 Fanams à 16 Casch	6,578	2,0270	3,7245	2,1283
Sultan-Pagoden, zu 13 Fanams à 16 Casch oder Dubs	5,060	2,6350	4,8419	2,7668
Sultan-Rupien	21,702	0,6144	1,1289	0,6451
Natal (auf Sumatra).				
Span. Piaster, zu 24 Fanams .	9,674	1,3782	2,5325	1,4471
Onore (in Canara).				
Pagoden zu 4 Rupien, 22 Fanams und 220 Dubs	5,060	2,6350	4,8419	2,7668
Palimbang (auf Sumatra).				
Reichsthaler zu 48 Stüver . . .	12,093	1,1026	2,0260	1,1577
Patna (in Bahar).				
Patna-Rupien	21,441	0,6219	1,1427	0,6530
Pegu (im Birmanen Reich).				
Tical zu 16 Toques.	15,2	0,8772	1,6118	0,9210
Pertaubghur, s. Malva.				

Rechnungsmünzen.	A. 1 Köln. Mark fein Silber sind zu rechnen	Werth eines Stückes im 13⅓ Thl. od. 20 Fl. Fuß.	24½ Fl. Fuß.	14 Thl. Fuß oder Pr. Cour.
	Stück.	Thaler.	Gulden.	Thaler.
Ostindien.				
Pondicherry.				
Pagoden zu 28 Fanams à 80 Casch (Siehe Madras.)	6,250	2,1323	3,9200	2,2400
Prinz-Wales-Insel.				
Span. Piaster zu 20 Copangs od. 100 Pice	9,674	1,3782	2,5325	1,4471
Seit 1827 wie Bengalen.				
Rangūn.				
Tical zu 4 Mas, 8 Mūs oder 16 Tubbis	19,25	0,6926	1,2727	0,7273
Seringapatam, s. Mysore.				
Siam.				
Catty ist 20 Tales od. 80 Ticals. 1 Tical ist 4 Miams, 8 Fuangs oder 6400 Cauris,				
nach Befind. des Silber-Ticals	17	0,7843	1,4412	0,8235
nach d. Course d. Span. Piasters	19,348	0,6891	1,2662	0,7236
Singapore.				
Spanische Piaster zu 100 Cents	9,674	1,3782	2,5325	1,4471
Sicca-Rupien zu 16 Annas à 12 Pice	20,516	0,6499	1,1942	0,6824
Sinkell (auf Sumatra).				
Tale zu 4 Sucus od. 16 Satallies.	2,419	5,5128	10,1298	5,7885
Sulu (Sunda-Insel).				
Cangan od. Cosung zu 4 Sanampuris = 1 Span. Piaster . . .	9,674	1,3782	2,5325	1,4471
Succadana (auf Borneo).				
Spanische Piaster.				
Surate.				
Rupien zu 16 Annas à 4 Pices .	21,874	0,6095	1,1200	0,6400
Tappanuly (auf Sumatra).				
Piaster zu 24 Fanams oder 400 Keppings	9,674	1,3782	2,5325	1,4471

Rechnungsmünzen.	A. 1 Köln. Mark fein Silber sind zu rechnen	Werth eines Stückes im 13⅓ Thl. od. 20 Fl. Fuß.	24½ Fl. Fuß.	14 Thl. Fuß oder Pr. Cour.
	Stück.	Thaler.	Gulden.	Thaler.
Ostindien.				
Tellicherry (auf der Küste Malabar), wie Bombay.				
Ternate (Molukken-Insel), wie Banjermassin.				
Tonquin.				
Tale zu 1⅔ Marada, 10 Maces, 100 Condarins, 1000 Casch. .	6,820	1,9550	3,5924	2,0528
Tranquebar.				
Reichsthaler zu 12 Fanams à 80 Casch.	13,768	0,9684	1,7795	1,0168
Rupien zu 8 Fanams à 80 Casch.	20,652	0,6456	1,1863	0,6779
Ostfriesland.				
Thaler zu 54 Stüber Ostfr. à 10 Witten und zu 24 Ggr. à 12 Pf.	14	0,9524	1,7500	1,0000
Früher auch noch:				
Holländ. Gulden zu 30 Stbr. Ostfr.	25,2	0,5291	0,9722	0,5555
Gulden zu 20 Stbr. Ostfr.	37,8	0,3527	0,6482	0,3704
Paraguay, s. Südamerikanische Freistaaten.				
Parma und Piacenza.				
Lira zu 20 Soldi à 12 Denari . .	210,470	0,0633	0,1164	0,0665
Lira italiana zu 100 Centesimi	51,968	0,2566	0,4714	0,2694
Persien.				
Toman zu 50 Abassis, 100 Mamudis, 200 Schatris, 1000 Dinars-bisti, 2000 Kasbequis u. 10000 Dinars, circa	3,43	3,8873	7,1429	4,0816
Nach neueren Nachrichten:				
Toman zu 10 Sahib-korans, 20 Penebads u. 200 Schahis, circa	4,5	2,9630	5,4444	3,1111
Peru, s. Südamerikanische Freistaaten.				

Rechnungsmünzen.	A. 1 Köln. Mark fein Silber sind zu rechnen	Werth eines Stückes im		
		$13\frac{1}{3}$ Thl. od. 20 Fl. Fuß.	$24\frac{1}{2}$ Fl. Fuß.	14 Thl. Fuß oder Pr. Cour.
	Stück.	Thaler.	Gulden.	Thaler.
Polen.				
Seit 1815:				
Gulden zu 30 Groschen	86,688	0,1538	0,2826	0,1615
Seit 1833:				
Guld. zu 30 Grosch. od. 15 Kopek.	86,631	0,1539	0,2828	0,1616
Nach den Ukasen vom 21. Januar (2. Febr.) und 3. (15.) Septbr. 1841.				
Rubel (gleich $6\frac{2}{3}$ Gulden)	12,995	1,0261	1,8854	1,0774
Portugal.				
Milreis zu 1000 Reis ($2\frac{1}{12}$ neue oder $2\frac{1}{2}$ alte Crusados), Goldvaluta, nach dem Verhältniß der Preuß. Friedrichsd'or	8,502	1,5683	2,8817	1,6467
Milreis, nach dem Gesetz vom 24. April 1835	8,616	1,5475	2,8434	1,6248
Neue u. alte Crusados (s. Goldmünzen).				
Neuer Crusado in Silber (s. Silbermünzen).				
Preußen.				
Reichsthlr. zu 30 Silbergr. à 12 Pf.	14	0,9524	1,7500	1,0000
Quito, s. Südamerikanische Freistaaten.				
Reußische Fürstenthümer.				
Seit dem 1. Januar 1841:				
Thlr. zu 30 Silbergr. à 12 Pf. .	14	0,9524	1,7500	1,0000
Früher bestanden:				
Reichsthaler zu 24 Ggr. à 12 Pf.	$13\frac{1}{3}$	1,0000	1,8375	1,0500
Thaler zu 24 Ggr. (Current) . .	$14\frac{1}{6}$	0,9412	1,7294	0,9882
Thaler zu 24 Ggr. " . .	$14\frac{7}{12}$	0,9143	1,6800	0,9600
Thaler zu 24 Ggr. " . .	15	0,8889	1,6333	0,9333
Thaler in Conventionsmünzen .	$13\frac{23}{37}$	0,9788	1,7986	1,0278
Rio de la Plata, s. Südamerikanische Freistaaten.				

Rechnungsmünzen.	A. 1 Köln. Mark fein Silber sind zu rechnen	Werth eines Stückes im 13⅓ Thl. od. 20 Fl. Fuß.	24½ Fl. Fuß.	14 Thl. Fuß oder Pr Cour.
	Stück	Thaler	Gulden.	Thaler
Rußland.				
Rubel zu 100 Silber-Kopeken od. circa 400 Kupfer-Kopeken . . .	12,995	1,0261	1,8854	1,0774
Die Rechnung nach Papierrubeln in Bankassignaten soll aufhören. Nach d. Ukase vom 1. (13.) Juli 1839 ist 1 Silberrubel = 3,50 Rubel in Bankassignationen, wonach der letztere werth ist .	45,482	0,2932	0,5387	0,3078
Sachsen (Königreich).				
Seit dem 1. Januar 1841:				
Reichsthaler zu 30 Neugroschen à 10 Pf.	14	0,9524	1,7500	1,0000
Früher:				
Reichsthaler zu 24 Ggr. à 12 Pf.	$13\frac{1}{3}$	1,0000	1,8375	1,0500
Thaler in Conventionsmünzen .	$13\frac{23}{37}$	0,9788	1,7986	1,0278
Sachsen-Altenburg.				
Seit dem 1. Januar 1841:				
Thaler zu 30 Neugroschen à 10 Pf.	14	0,9524	1,7500	1,0000
Früher auch:				
Thlr. Kassengeld zu 24 Ggr. à 12 Pf.	$13\frac{1}{3}$	1,0000	1,8375	1,0500
Thaler im Handel, zu 24 Ggr. .	$14\frac{1}{6}$	0,9412	1,7294	0,9882
Thaler in Conventionsmünzen .	$13\frac{23}{37}$	0,9788	1,7986	1,0278
Sachsen-Coburg-Gotha.				
In Coburg:				
Gulden zu 60 Kreuzern à 4 Pf. .	$24\frac{1}{2}$	0,5442	1,0000	0,5714
Früher:				
Gulden zu 60 Kreuzern Rheinl. .	24	0,5555	1,0208	0,5833
Thaler zu 90 Kreuzern Rheinl. .	16	0,8333	1,5312	0,8750
In Gotha:				
Seit dem 1. Januar 1841:				
Thaler zu 30 Neugroschen à 10 Pf.	14	0,9524	1,7500	1,0000
Früher:				
Thaler zu 24 Ggr. à 12 Pf. . . .	$13\frac{1}{3}$	1,0000	1,8375	1,0500
Thaler im Handel, zu 24 Ggr. .	$14\frac{1}{6}$	0,9412	1,7294	0,9882
Thaler in Conventionsmünzen .	$13\frac{23}{37}$	0,9788	1,7986	1,0278

Rechnungsmünzen.	A. 1 Köln. Mark fein Silber sind zu rechnen	Werth eines Stückes im 13⅓ Thl. od. 20 Fl. Fuß.	24½ Fl. Fuß.	14 Thl. Fuß oder Pr. Cour.
	Stück.	Thaler.	Gulden.	Thaler.
Sachsen-Meiningen und Hildburghausen.				
Gulden zu 60 Kreuzern à 4 Pf. .	24½	0,5442	1,0000	0,5714
Früher:				
Gulden Rheinl., zu 60 Kreuzern	24	0,5555	1,0208	0,5833
Gulden Fränkisch, zu 20 Groschen d. 16 Thlr.Fußes	19,2	0,6944	1,2760	0,7292
Thlr. zu 24 Groschen od. 18 Batzen od. 90 Kreuzern	16	0,8333	1,5312	0,8750
Sachsen-Weimar und Eisenach.				
Thaler zu 30 Silbergr. à 12 Pf.	14	0,9524	1,7500	1,0000
Früher:				
Thaler Kassengeld, zu 24 Sgr. .	13⅓	1,0000	1,8375	1,0500
Thaler im Handel, zu 24 Gr. . .	14⅙	0,9412	1,7294	0,9882
Thaler in Conventionsmünzen .	13 23/37	0,9788	1,7986	1,0278
Samarkand (in der Tartarei).				
Tolerdak zu 10 Spinaks, 60 Onguls, 300 Sakis	8,524	1,5642	2,8742	1,6424
Sanct-Helena (Insel).				
Pfund zu 20 Schill. Sterl., wie Großbrittannien	2,035	6,5567	12,0370	6,8783
Spanische Piaster	9,674	1,3782	2,5325	1,4471
Sardinien (Königreich).				
Lira nuova zu 100 Centesimi (seit 1827)	51,968	0,2566	0,4714	0,2694
Lira di Piemonte zu 20 Soldi, in Turin	44,041	0,3027	0,5563	0,3179
Lira fuori di banco, 5¾=1Pezzo, in Genua	62,361	0,2138	0,3929	0,2245
Schottland, s. Großbrittann.				
Schwarzburg-Rudolstadt.				
Seit dem 1. Januar 1841.				
In der Ober-Herrschaft:				
Gulden zu 60 Kreuzern à 8 Hellern	24½	0,5442	1,0000	0,5714

Rechnungsmünzen.	A. 1 Köln. Mark fein Silber sind zu rechnen	Werth eines Stückes im 13⅓ Thl. od. 20 Fl. Fuß.	24½ Fl. Fuß.	14 Thl. Fuß oder Pr. Cour.
	Stück.	Thaler.	Gulden.	Thaler.
Schwarzburg-Rudolstadt.				
In der Unter-Herrschaft:				
Thaler zu 30 Silbergr. à 12 Pf.	14	0,9524	1,7500	1,0000
Früh. Rechnungsmünzen:				
Thaler zu 24 Ggr. à 12 Pf. . . .	13⅓	1,0000	1,8375	1,0500
Thaler zu 24 Ggr. à 12 Pf. . . .	13¾	0,9697	1,7818	1,0182
Thaler zu 24 Ggr. à 12 Pf. . . .	14⅙	0,9412	1,7294	0,9882
Thaler zu 24 Ggr. à 12 Pf. . . .	14 7/12	0,9143	1,6800	0,9600
Thaler zu 24 Ggr. à 12 Pf. . . .	15	0,8889	1,6333	0,9333
Thaler in Conventionsmünzen .	13 23/37	0,9788	1,7986	1,0278
Schwarzb.-Sondershausen.				
Seit dem 1. Januar 1841:				
Thaler zu 30 Silbergr. à 12 Pf.	14	0,9524	1,7500	1,0000
Früher:				
Thaler zu 24 Ggr. à 12 Pf. . . .	13⅓	1,0000	1,8375	1,0500
Thaler in Conventionsmünzen .	13 23/37	0,9788	1,7986	1,0278
Schweden.				
Nach der Verordnung vom 23. Mai 1845:				
Reichsthaler zu 48 Schillingen à 4 Stüver	36,676	0,3635	0,6680	0,3817
Aeltere Rechnung:				
Reichsthlr.-Species, zu 48 Schill. à 12 Pf.	9,169	1,4542	2,6720	1,5269
Thaler Banco-Geld, zu 48 Schill. à 12 Pf., nach dem Gesetze vom 1. März 1830	24,451	0,5453	1,0020	0,5726
Thaler Reichs-Schuldzettel, zu 48 Schill. à 12 Pf., nach dem Gesetze vom 1. März 1830 . .	36,676	0,3635	0,6680	0,3817
Die Schweiz.				
Aargau.				
Schweizer Franken, zu 10 Batzen à 10 Rappen	35,079	0,3801	0,6984	0,3991
Gulden zu 15 Batzen à 4 Kreuzer	23,385	0,5702	1,0477	0,5987

Rechnungsmünzen.	A. 1 Köln. Mark fein Silber sind zu rechnen	Werth eines Stückes im 13⅓ Thl. od. 20 Fl. Fuß.	24½ Fl. Fuß.	14 Thl. Fuß oder Pr. Cour.
	Stück.	Thaler.	Gulden.	Thaler.
Die Schweiz.				
Appenzell.				
Gulden zu 60 Kreuzern à 4 Angster, auch zu 15 Batzen od. 50 Schill.	24	0,5555	1,0208	0,5833
Basel.				
Gulden zu 60 Kreuz. à 8 Heller od. zu 15 Batzen à 4 Kreuzer . . .	23,385	0,5702	1,0477	0,5987
Schweizer Franken, zu 10 Batzen à 10 Rappen . . . . } Livres zu 20 Sols à 12 Deniers }	35,079	0,3801	0,6984	0,3991
Gulden zu 60 Kreuz. à 8 Heller .	24,5	0,5542	1,0000	0,5714
Bern.				
Livres de Suisse de 20 Sols à 12 Deniers . . . . } Schweizer Franken, zu 10 Batzen à 10 Rappen . . . . }	35,079	0,3801	0,6984	0,3991
Freiburg.				
Livres od. Schweizer Franken, zu 10 Batzen à 10 Rappen	35,079	0,3801	0,6984	0,3991
Gulden zu 15 Batzen à 4 Kreuzer	23,385	0,5702	1,0477	0,5987
Genf.				
Livres zu 20 Sols à 12 Deniers	32,25	0,4134	0,7597	0,4341
Gulden zu 12 Sols à 12 Deniers petite monnaie	112,875	0,1181	0,2170	0,1240
Seit 1839: Französ. Franken zu 100 Centimen	51,968	0,2566	0,4714	0,2694
Glarus.				
Gulden zu 40 Schill. à 12 Heller oder zu 15 Batzen à 4 Kreuzer	23⅓	0,5714	1,0500	0,6000
Graubündten (Bündten).				
Gulden zu 60 Kreuzern oder zu 70 Bluzgern	30,185	0,4417	0,8117	0,4638
Luzern.				
Schweizer Franken, zu 10 Batzen à 10 Rappen	35,079	0,3801	0,6984	0,3991

Rechnungsmünzen.	A. 1 Köln. Mark fein Silber sind zu rechnen	Werth eines Stückes im 13⅓ Thl. od. 20 Fl. Fuß.	24½ Fl. Fuß.	14 Thl. Fuß oder Pr. Cour
	Stück.	Thaler.	Gulden.	Thaler.
Die Schweiz.				
Neuenburg und Valendis.				
Livres zu 20 Sols à 12 Deniers de Neufch. circa	37,677	0,3539	0,6503	0,3716
Schweizer Franken, zu 10 Batzen à 10 Rappen	35,079	0,3801	0,6984	0,3991
Sanct-Gallen.				
Gulden zu 60 Kreuzern à 4 Heller	24,5	0,5442	1,0000	0,5714
Schaffhausen.				
Gulden zu 15 Batzen oder 60 Kr. à 4 Heller	24,5	0,5442	1,0000	0,5714
Schwyz.				
Schweizer Franken, zu 10 Batzen à 10 Rappen	35,079	0,3801	0,6984	0,3991
Gulden zu 15 Batzen oder 60 Kr. à 4 Heller . . . . } Gulden zu 40 Schill. à 4 Rappen	28,502	0,4678	0,8596	0,4912
Solothurn.				
Schweizer Franken, zu 10 Batzen à 10 Rappen	35,079	0,3801	0,6984	0,3991
Tessin.				
Lira zu 20 Soldi à 4 Quattrini oder 12 Denari, circa	80	0,1667	0,3062	0,1750
Thurgau.				
Gulden zu 60 Kreuzern à 4 Angster	24	0,5556	1,0208	0,5833
Schweizer Franken, zu 10 Batzen à 10 Rappen	35,079	0,3801	0,6984	0,3991
Unterwalden.				
Gulden zu 40 Schill. à 6 Angster à 2 Heller, oder zu 15 Batzen à 4 Kreuzer	26,308	0,5068	0,9313	0,5322
Uri.				
Gulden zu 40 Schill. à 6 Angster à 2 Heller, oder zu 15 Batzen à 4 Kreuzer	28,501	0,4678	0,8596	0,4912

Rechnungsmünzen.	A. 1 Köln. Mark fein Silber sind zu rechnen	Werth eines Stückes im 13⅓ Thl. od. 20 Fl. Fuß.	24½ Fl. Fuß.	14 Thl. Fuß oder Pr. Cour.
	Stück.	Thaler.	Gulden.	Thaler.
Die Schweiz.				
Waadt.				
Schweizer Franken, zu 10 Batzen à 10 Rappen	35,079	0,3801	0,6984	0,3991
Wallis, ebenso.				
Zug.				
Gulden zu 40 Schill. à 6 Angster à 2 Heller, od. zu 15 Batz. à 4 Kr.	27,75	0,4805	0,8829	0,5045
Zürich.				
Gulden zu 40 Schill. à 12 Heller od. zu 60 Kreuzern à 8 Heller.	21,924	0,6082	1,1175	0,6386
Schweizer Franken, zu 10 Batzen à 10 Rappen	35,079	0,3801	0,6984	0,3991
Sicilien (Königreich beider).				
Ducato di Regno zu 10 Carlini oder 100 Grani, auf Sicilien zu 100 Bajocchi à 10 Piccioli . .	12,231	1,0901	2,0031	1,1446
Daneben auf Sicilien die ältere Rechnung:				
Oncia zu 30 Tari à 20 Grani à 100 Centesimi	4,077	3,2704	6,0093	3,4339
Spanien.				
Nach d. Gesetz v. 31. Mai 1847:				
Neue Realen (de vellon)	207,871	0,0641	0,1178	0,0673
Neue Pesos zu 20 Realen	10,394	1,2828	2,3572	1,3470
Aeltere Rechnungsmünzen:				
Wirklicher Piaster, Peso duro, zu 8 Reales de Pl. mexicana oder 20 Reales de Vellon	9,674	1,3782	2,5325	1,4471
Real zu 34 Maravedis,				
de Plata mexicana	77,395	0,1723	0,3166	0,1809
de Plata antigua	102,790	0,1297	0,2383	0,1362
de Plata nueva	96,744	0,1378	0,2532	0,1447
de Vellon	193,488	0,0689	0,1266	0,0723
Doblon de Cambio, à 32 Reales de Plata antigua	3,212	4,1508	7,6272	4,3584

Rechnungsmünzen.	A. 1 Köln. Mark fein Silber sind zu rechnen	Werth eines Stückes im 13⅓ Thl. od. 20 Fl. Fuß.	24½ Fl. Fuß.	14 Thl. Fuß oder Pr. Cour.
	Stück.	Thaler.	Gulden.	Thaler.
Spanien.				
Ducado de Cambio, à 375 Maravedis de Plata antigua	9,320	1,4307	2,6288	1,5022
Peso de Cambio à 8 Reales de Plata antigua	12,849	1,0377	1,9068	1,0896
Außer diesen Währungen bestehen noch in den einzelnen Provinzen:				
1) In Castilien.				
Doblon de Plata nueva à 60 Reales de Vellon	3,225	4,1346	7,5974	4,3414
Dobl. de oro de Cabeza à 14 Reales 9 Maravedis de Vellon . .	13,564	0,9830	1,8062	1,0321
Ducado de oro à 45¾ Reales de Vellon	4,229	3,1527	5,7931	3,3103
Fracht=Ducado à 12 Reales de Plata doble oder 22½ Reales de Vellon	8,599	1,5505	2,8490	1,6280
Ducado de Plata à 11 Reales de Pl. antig.	9,345	1,4268	2,6218	1,4982
Ducado de Plata doble in Malaga, à 703⅛ Marav. de Vellon	9,356	1,4251	2,6186	1,4963
Ducad. de Plata nueva à 16½ Reales de Vellon	11,727	1,1370	2,0893	1,1939
Ducado del Rey oder del Norte à 375 Maravedis de Vellon . .	17,543	0,7600	1,3966	0,7980
Ducad. d. Vell. à 11 Real. d. Vell.	17,590	0,7580	1,3928	0,7959
Escudo de oro à 40 Real. de Vell.	4,837	2,7564	5,0649	2,8942
Escudo al Sol à 32 Real. de Vell.	6,046	2,2051	4,0519	2,3154
Escudo de Vellon à 10 Reales de Vellon.	19,349	0,6891	1,2662	0,7236
Peso de Plata nueva à 15 Reales de Vellon	12,899	1,0337	1,8993	1,0853
Real de Plata doble in Malaga, à 1⅞ Reales de Vellon	103,193	0,1292	0,2374	0,1357
Real de Plata corriente in Bilbao, à 612 Castil. Dineros . .	107,493	0,1240	0,2279	0,1302
Real de Plata in Bilbao, à 512 Castil. Dineros	128,488	0,1037	0,1907	0,1090

Rechnungsmünzen.	A. 1 Köln. Mark fein Silber sind zu rechnen	Werth eines Stückes im 13⅓ Thl. od. 20 Fl. Fuß.	24½ Fl. Fuß.	14 Thl. Fuß oder Pr. Cour.
	Stück.	Thaler.	Gulden.	Thaler.
Spanien.				
2) In Catalonien.				
Libra Catalana à 20 Sueldos . .	17,988	0,7412	1,3620	0,7783
Real de Pl. Catalana à 3 Sueldos	119,922	0,1112	0,2043	0,1167
Real de ardite à 2 Sueldos . . .	179,883	0,0741	0,1362	0,0778
Sueldo à 12 Dineros	359,766	0,0371	0,0681	0,0389
3) In Arragonien.				
Libra Jaquesa à 20 Sueldos . .	10,279	1,2971	2,3835	1,3620
Real à 2 Sueldos	102,790	0,1297	0,2383	0,1362
Sueldo à 12 Dineros	205,580	0,0649	0,1192	0,0681
4) In Navarra.				
Ducado à 10⁸⁄₉ Reales	9,440	1,4124	2,5953	1,4830
Peso zu 8 Reales = 15 Reales 2 Maravedis de Vellon	12,849	1,0377	1,9068	1,0896
Real zu 36 Marav. = 6 Gruesos oder 64 Marav. de Vellon . . .	102,790	0,1297	0,2383	0,1362
Libra de Navarra à 10 Gruesos oder 20 Sueldos à 12 Dineros	61,674	0,2162	0,3972	0,2270
5) In Valencia.				
Libra zu 20 Sueldos = 15 Reales 2 Maravedis de Vellon	12,849	1,0377	1,9068	1,0896
Real de Plata Valencia = 51¼ Maravedis de Vellon	128,488	0,1038	0,1907	0,1090
Sueldo à 12 Dineros	256,976	0,0519	0,0953	0,0545
Ducado de Alicante à 11 Reales	11,681	1,1415	2,0974	1,1985
6) In Mallorca u. Menorca.				
Libra zu 20 Sueldos, gilt 13 Reales 9³¹⁄₄₀ Maravedis de Vellon .	14,562	0,9156	1,6825	0,9614
Sueldo à 4 Dineros	291,240	0,0458	0,0841	0,0481
Peso à 8 Reales de Plata	12,849	1,0377	1,9068	1,0896
Südamerik. Freistaaten.				
Araucaner, Bolivia, Chile, Ecuador, Mittel-Amerika, Neu Granada, Paraguay, Peru, Nord- u. Süd-Peru, Rio de la Plata (Argentina), Uruguay, Venezuela.				

Rechnungsmünzen.	A. 1 Köln. Mark fein Silber sind zu rechnen	Werth eines Stückes im 13⅓ Thl. od. 20 Fl. Fuß.	24½ Fl. Fuß.	14 Thl. Fuß oder Pr. Cour
	Stück	Thaler.	Gulden	Thaler.
Südamerik. Freistaaten.				
Peso de Plata mexicana (Piaster) zu 8 Reales oder auch als Dollar zu 100 Cents	9,674	1,3782	2,5325	1,4471
Real zu 16 Quartos od. 34 Marav.	77,395	0,1723	0,3166	0,1809
In Caraccas, Republik Venezuela.				
Peso de Plata mexic. zu 9 Reales de Plata, und hiernach				
Real de Plata	87,070	0,1531	0,2814	0,1608
Nach den Ausmünzungen:				
Pesos macuquina, Piaster, circa	13	1,0256	1,8846	1,0769
In Monte-Video, Republik Uraguay.				
Peso corriente (Courantpiaster) circa	11,609	1,1485	2,1104	1,2059
Toscana.				
Fiorino zu 100 Quattrini = 2½ Paoli	37,095	0,3594	0,6605	0,3774
Lira zu 20 Soldi à 12 Denari di Lira, in moneta buona oder corrente, gesetzmäßig	61,825	0,2157	0,3963	0,2264
in moneta lunga, gesetzmäßig	64,514	0,2067	0,3798	0,2170
Scudo zu 7 Lire, gesetzmäßig . .	8,832	1,5096	2,7739	1,5851
Paolo zu 8 Crazie à 20 Denari di Lira, gesetzmäßig	92,738	0,1438	0,2642	0,1510
Pezza da otto reali, zu 20 Soldi à 12 Denari di Pezza, gesetzmäß.	10,752	1,2400	2,2786	1,3020
Tripolis.				
Piaster zu 100 Paras oder Asper circa	77,392	0,1723	0,3166	0,1809
Spanische Piaster	9,674	1,3782	2,5325	1,4471
Türkei.				
Piaster zu 40 Paras od. 120 Cour. Aspern auch zu 100 guten Aspern oder Minas:				

Rechnungsmünzen.	A. 1 Köln. Mark fein Silber sind zu rechnen	Werth eines Stückes im 13⅓ Thl. od. 20 Fl. Fuß.	24½ Fl. Fuß.	14 Thl. Fuß oder Pr. Cour.
	Stück.	Thaler.	Gulden.	Thaler.
Türkei.				
Nach den neuesten Münzgesetzen:				
in den Silbermünzen	234,297	0,0569	0,1045	0,0598
in den Goldmünzen (im Verhältniß des Courantwerthes des Preuß. Friedrichsd'or) .	225,500	0,0591	0,1086	0,0621
Tunis.				
Piaster zu 52 Aspern à 12 Burbins, nach einer Verordn. v. J. 1828	48,372	0,2756	0,5065	0,2894
Piaster, in neueren Zeiten circa	74,240	0,1796	0,3300	0,1886
Spanische Piaster	9,674	1,3782	2,5325	1,4471
Turkestan (Bukhara, Khokand).				
Tilla oder Tela (Goldmünze) zu 22 Tangas (Silberm.), circa .	3,256	4,0952	7,5250	4,3000
Ungarn, s. Oesterreich.				
Uruguay, s. Südamerikan. Freistaaten.				
Venedig, s. Lombard.-Venet. Königreich.				
Venezuela, s. Südamerikan. Freistaaten.				
Vorgebirge d. guten Hoffn.				
Seit 1826 wie England:				
Pfund Sterl. zu 20 Schill. à 12 Pf.	2,035	6,5507	12,0370	6,8783
Reichsthlr. Papier, à 1½ Schillinge	27,138	0,4913	0,9028	0,5159
Früher:				
Reichsthlr. zu 8 Cour. Schillingen à 6 Stüver = ⅕ Span. Piaster	12,093	1,1026	2,0260	1,1577
Gulden zu 20 Stüvern à 16 Pf.	29,023	0,4594	0,8441	0,4824
Waldeck und Pyrmont.				
Thaler zu 30 Silbergr. à 12 Pf.	14	0,9524	1,7500	1,0000
Früh., zu 36 Mariengr. od. 24 Ggr. und daneben				
Thaler Waldeck'sche Währung, zu 36 Mariengr. à 7 Pf.	15	0,8889	1,6333	0,9333

Rechnungsmünzen.	A. 1 Köln. Mark fein Silber sind zu rechnen	Werth eines Stückes im 13⅓ Thl. od. 20 Fl. Fuß.	24½ Fl. Fuß.	14 Thl. Fuß oder Pr. Cour.
	Stück.	Thaler.	Gulden.	Thaler.
Wallachei.				
Lëu (Piaster) zu 40 Parallen, circa	143	0,0932	0,1713	0,0979
Westindien *).				
1) Englische Besitzungen.				
Jamaica.				
Pfd. zu 20 Schill. à 12 Pf. Cour.	3,225	4,1346	7,5974	4,3414
Span. Dollar à 6⅔ Schill. Cour.	9,674	1,3782	2,5325	1,4471
Barbados.				
Pfd. zu 20 Schill. à 12 Pf. Cour.	3,023	4,4103	8,1040	4,6308
Span. Dollar à 6¼ Schill. Cour.	9,674	1,3782	2,5325	1,4471
Inseln unter dem Winde:				
Tortola, Barbade, Les Saintes, Antigua, St. Christoph (St. Kitts), Nevis, Montserrat, Dominique.				
Pfund zu 20 Schill. à 12 Pf. Cour.	4,353	3,0627	5,6276	3,2158
Trinidad, ebenso.				
Inseln über dem Winde:				
Tabago, St. Vincent, Grenada, St. Lucie.				
Pfund zu 20 Schill. à 12 Pf. Courant	3,991	3,3411	6,1393	3,5082
Bahama oder Lucayische Inseln.				
Pfd. zu 20 Schill. à 12 Pf. Cour.	3,888	3,4293	6,3014	3,6008
Das Englische Guiana.				
Berbice, Demerara u. Essequebo.				
Früher:				
Gulden zu 20 Stüvern à 8 Deute oder 12 Pfennige	29,192	0,4567	0,8393	0,4796

*) Spanische und Amerikanische Piaster sind das Haupt-Zahlmittel, nach deren Cours und Werth die mehrsten aufgeführten Rechnungsmünzen bestimmt worden sind.

Rechnungsmünzen.	A. 1 Köln. Mark fein Silber sind zu rechnen	Werth eines Stückes im 13⅓ Thl. od. 20 Fl. Fuß.	24½ Fl. Fuß.	14 Thl. Fuß oder Pr. Cour.
	Stück.	Thaler.	Gulden.	Thaler.
Westindien. (Engl. Guiana.)				
Gulden nach den Engl. Ausmünzungen in d. Jahren 1809, 1816 u. 1832 circa	37,000	0,3604	0,6622	0,3784
Jetzt:				
Span. Dollar à 4½ Schillinge oder 3 Gulden	9,674	1,3782	2,5325	1,4471
2) Französische Besitzungen.				
Die Inseln Martinique, S. Martin, Guadeloupe, Marie-Galante ꝛc.:				
bis Ende 1820, Livres zu 20 Sous à 12 Deniers	87,07	0,1531	0,2814	0,1608
Seit 1821, Franken zu 100 Centimen	96,744	0,1378	0,2532	0,1447
Cayenne, ebenso.				
3) Niederländische Besitzungen.				
Gulden zu 100 Cents	24,747	0,5388	0,9900	0,5657
Ferner auch, wie früher:				
Die Inseln St. Eustache, St. Martin und Curassao:				
Piaster zu 8 Schill. od. Realen à 6 Stüver Cour.	13,302	1,0024	1,8418	1,0525
Surinam.				
Gulden zu 20 Stüvern à 8 Deute oder 12 Pfennige	29,192	0,4567	0,8393	0,4796
4) Dänische Inseln.				
St. Thomas, St. Jean u. Santa Cruz:				
Thaler Westind. Courant zu 96 Schill., nach der Verordnung v. 22. Aug. 1814 . .	14,453	0,9225	1,6951	0,9687
Nach Ausbringung der kleinen Silbermünzen	16	0,8333	1,5312	0,8750
Dollar od. Mexican. Piaster zu 100 Cents	9,674	1,3782	2,5325	1,4471

Rechnungsmünzen.	A. 1 Köln. Mark fein Silber sind zu rechnen	Werth eines Stückes im 13⅓ Thl. od. 20 Fl. Fuß.	24½ Fl. Fuß.	14 Thl. Fuß oder Pr. Cour.
	Stück.	Thaler	Gulden.	Thaler.
Westindien.				
5) Spanische Besitzungen.				
Cuba (Havannah) Porto-Rico u. Margaretha:				
Piaster (Peso) zu 8 Reales à 34 Maravedis od. zu 100 Cents	9,674	1,3782	2,5325	1,4471
6) D. schwed. Ins. Barthelemy,				
wie die Engl. Inseln unter dem Winde.				
7) Hayti oder St. Domingo.				
Aeltere Rechnung:				
Livres zu 20 Sous à 12 Deniers	79,814	0,1670	0,3070	0,1754
Neuere Rechnung:				
Dollar od. Gourde zu 100 Cents, deren Werth, wegen der großen Abweichungen im Gehalt u. Gewicht, nicht einmal annähernd zu bestimmen ist. (Siehe Silbermünzen.)				
Amerik. und Span. Piaster . . .	9,674	1,3782	2,5325	1,4471
Württemberg.				
Gulden zu 60 Kreuzern à 4 Pf. .	24½	0,5442	1,0000	0,5714
Früher:				
Gulden zu 15 Batzen od. 60 Kreuzern à 6 Heller	24	0,5555	1,0208	0,5833
Zante,				
s. Jonische Inseln.				

II.

Tabelle

der

vorzüglichsten, wirklich geprägten und umlaufenden

Gold- und Silbermünzen

aller Staaten.

Außer der Angabe der Stückzahl auf eine Kölnische Brutto- und feine Mark und des Feingehaltes, ist der Werth der Goldmünzen in gesetzmäßigen Friedrichsd'or, à 5 Gold-Thaler, und in deren Geltung als $5\frac{2}{3}$ Courant-Thaler, der Werth der Silbermünzen im $13\frac{1}{3}$ Thaler- oder 20 Guldenfuß, in dem, 1837 neu begründeten $24\frac{1}{2}$ Guldenfuß und im 14 Thalerfuß oder in Preuß. Courant bestimmt.

Von den gesetzmäßigen Preuß. Friedrichsd'or gehen 38,769231 Stück ($38\frac{10}{13}$) oder 193,846154 Gold-Thaler ($193\frac{11}{13}$) auf eine Köln. Mark fein Gold. Durch die Feststellung des Friedrichsd'or auf $5\frac{2}{3}$ Thlr. Courant, oder 100 Thlr. Gold zu $113\frac{1}{3}$ Thlr. Courant, ist eine Mark fein Gold in Friedrichsd'or = 219,692308 Thlr. Courant, also das Verhältniß zwischen Gold und Silber wie 219,692308 zu 14 Thaler, oder wie 15,6923 : 1, welches, als ein jetzt im Königreich Preußen feststehendes, bei Berechnung des Werthes der Goldmünzen zu Grunde gelegt werden konnte.

Das bei den Feingehalten eines Theiles der Silbermünzen sich findende Sternchen deutet an, daß bei diesen die Probe auf nassem Wege in Anwendung gekommen ist, womit Frankreich im Jahr 1830 den Anfang machte. Die übrigen, nicht besternten Gehalte, sind Kapellengehalte.

Goldmünzen.

Aegypten.

Nach Nordamerikanischen Untersuchungen:
100 Piasterstücke (Bedidlik) vom Jahr 1839 . . . .
50 Piasterstücke (Nusflik) vom Jahr 1839 . . . .
20 Piasterstücke (Kairie Haschrin) vom Jahr 1839 . . . .
10 Piasterstücke und 5 Piasterstücke, nach Verhältniß.
(Siehe auch die Türkei.)

Anhalt-Bernburg.

Alexiusd'or, gesetzmäßig . . . .
Ducaten (1825) . . . .

Asien, s. Ostindien rc.

Baden.

Ducaten, ältere und neueste, gesetzmäßig . . . .
Von 1819 bis 1827, gesetzmäßig:
10 Guldenstücke . . . .
5 Guldenstücke . . . .
Vom Jahr 1828, gesetzmäßig:
10 Thalerstücke, doppelte Ludwigsd'or, à 1000 Kreuzer . . . .
5 Thalerstücke, Ludwigsd'or à 500 Kreuzer . . . .
Seit 1832 und in früherer Zeit:
Rheingold-Ducaten, gesetzmäßig . . . .

Bayern.

Aeltere, selten gewordene Münzen:
Karolinen à 11 Gulden, gesetzmäßig . . . .

Halbe Karolinen à 5½ Gulden, desgl. . . . .

Doppelte Maxd'or à 14⅔ Gulden, desgl. . . . .

Maxd'or à 7⅓ Gulden, desgl. . . . .
Aeltere und neuere:
Ducaten, gesetzmäßig . . . .
Goldgulden der Stadt Würzburg, gesetzmäßig . . . .

Auf 1 Köln. Mark Brutto gehen.	Gewicht von 1 Stück in	Feingehalt.		Auf 1 Köln. Mark fein Gold gehen:	Werth eines Stückes in gesetzmäßigen Preuß. Friedrichsd'or à 5 Thlr. Gold.	à 5⅔ Thlr. Courant.		
Stück	Holl. Aß	Kar.	Grän.	Stück.	Thlr Gold.	Thl.	Sgr.	Pf
27,302	178,15	20	17¾	31,233	6,20645	7	1	0,2
54,604	89,08	20	17¾	62,466	3,10322	3	15	6,1
136,510	35,63	20	17¾	156,166	1,24128	1	12	2,4
35	138,97	21	8	38,769	5,00000	5	20	—
67	72,6	23	8	67,944	2,85303	3	7	—
67	72,6	23	8	67,944	2,85303	3	7	—
34	143,06	21	8	37,6615	5,14706	5	25	—
68	71,53	21	8	75,323	2,57353	2	27	6
20,4	238,43	21	8	22,597	8,57840	9	21	8
40,8	119,21	21	8	45,194	4,28920	4	25	10
63,6972	76,36	22	6	67,944	2,85303	3	7	—
24	202,66	18 3	6 G *) 8 S	31,135	6,22599	7 —	1 2	8 G 8 S
48	101,33	18 3	6 G 8 S	62,270	3,11299	3 —	15 1	10 G 4 S
18	270,22	18 4	6 G — S	23,3514	8,30127	9 —	12 3	2,9 G 10,7 S
36	135,11	18 4	6 G — S	46,7028	4,15063	4 —	21 1	1,5 G 11,3 S
67	72,6	23	8	67,944	2,85303	3	7	—
72	67,56	18 2	6 G 6 S	93,405	2,07533	2 —	10 —	6,7 G 7,3 S

*) G und S bedeuten Gold und Silber.

Goldmünzen.

Belgien.

Nach dem Gesetz vom 5. Juni 1832:

40 Franken-Stücke

20 Franken-Stücke

Nach dem Gesetz vom 31. März 1847:

25 Franken-Stücke

10 Franken-Stücke

Brasilien.

Dobra zu 12800 Reis, gesetzmäßig

Meia Dobra zu 6400 Reis, desgl.

Ein Stück vom Jahr 1823 befunden

Stücke von den Jahren 1831 bis 1838 nach Nordamerik. Untersuch.

Moidor (moneda d'ouro) zu 4000 Reis, gesetzmäßig

Ein Stück vom Jahr 1823 befunden

Aeltere Stücke nach Nordamerik. Untersuchungen

Braunschweig.

Ducaten aus älterer Zeit, gesetzmäßig

Doppelte Carlsd'or, desgleichen

11500 Stück dopp. Carlsd'or von verschiedenen Jahren, im J. 1831 befunden

Ein doppelter Wilhelmsd'or vom Jahr 1831, befunden

Carlsd'or, gesetzmäßig

Einzelne Pistolen vom Jahre 1822 und 1824, befunden

Nach dem Gesetz vom 18. Dezember 1834:

Doppelte Wilhelmsd'or

Wilhelmsd'or

Ducaten

Doppelte Wilhelmsd'or vom Jahre 1834, befunden

17 Stück doppelte Wilhelmsd'or vom Jahre 1834, befunden

Große Summen doppelter Wilhelmsd'or vom Jahre 1834, befunden

Dänemark.

Species-Ducaten, seit 1761, gesetzmäßig

Courant-Ducaten, seit 1757, desgleichen

Christiansd'or, seit 1775, desgleichen

Nach der Verordnung vom 3. Februar 1827:

Doppelte Frederiksd'or und auch neue Christiansd'or, gesetzmäßig

Auf 1 Köln. Mark Brutto gehen:	Gewicht von 1 Stück in	Feingehalt.		Auf 1 Köln. Mark fein Gold gehen:	Werth eines Stückes in gesetzmäßigen Preuß. Friedrichsd'or à 5 Thlr. Gold.	à $5\frac{2}{3}$ Thlr. Courant.		
Stück.	Holl. Aß.	Kar.	Grän.	Stück.	Thlr. Gold.	Thl.	Sgr.	Pf.
18,124	268,37	21	7,2	20,1376	9,62610	10	27	3,4
36,248	134,18	21	7,2	40,2751	4,81305	5	13	7,7
29,5438	164,64	21	7,2	32,8264	5,90518	6	20	9,3
73,8595	65,85	21	7,2	82,0661	2,36207	2	20	3,7
8,1531	596,58	22	—	8,8943	21,79442	24	21	—
16,3062	298,29	22	—	17,7886	10,89721	12	10	6
16,3298	297,86	21	$11\frac{1}{4}$	17,8650	10,85061	12	8	11,0
16,2947	298,50	21	$11\frac{1}{2}$	17,8098	10,88424	12	10	0,7
28,9888	167,79	22	—	31,6241	6,12970	6	28	4,9
29,122	167,02	21	$11\frac{1}{2}$	31,8297	6,09010	6	27	0,7
28,993	167,76	21	$11\frac{1}{4}$	31,7190	6,11136	6	27	9,4
67	72,6	23	8	67,944	2,85303	3	7	—
17,5	277,94	21	7	19,4594	9,96157	11	8	8,3
17,6211	276,03	21	5	19,7466	9,81669	11	3	9,2
17,563	276,95	21	$5\frac{1}{2}$	19,643	9,86846	11	5	6,3
35	138,97	21	7	38,919	4,98078	5	19	4,1
35,199	138,19	21	6	39,292	4,93348	5	17	8,8
$17\frac{7}{12}$	276,62	21	6	19,6279	9,87606	11	5	9,4
$35\frac{1}{6}$	138,31	21	6	39,2558	4,93803	5	17	10,7
67	72,6	23	7	68,184	2,84299	3	6	7,9
17,5786	276,70	21	$5\frac{3}{8}$	19,6702	9,85480	11	5	0,8
17,5916	276,50	21	$5\frac{5}{8}$	19,6467	9,86666	11	5	5,6
17,6017	276,34	21	$5\frac{1}{2}$	19,6866	9,84660	11	4	9,4
67	72,6	23	6	68,426	2,83293	3	6	3,8
75	64,85	21	—	85,714	2,26155	2	16	10,7
35	138,97	21	8	38,769	5,00000	5	20	—
$17\frac{29}{48}$	276,30	21	6	19,6512	9,86434	11	5	4,7

Goldmünzen.

Dänemark.

Große Summen doppelter Frederiksd'or aus den Jahren 1827 bis 1839, im Durchschnitt befunden . . . .
Einfache Frederiks- und neue Christiansd'or, gesetzmäßig . . . .

England, s. Großbrittannien.

Etrurien, s. Toskana.

Frankfurt a. M.

Ducaten, gesetzmäßig . . . .

Frankreich.

Louisd'or:
Von 1640 bis 1709, alte, gewöhnlich . . . .
Von 1665 bis 1709, Französische Probe . . . .
Von 1709 bis 1716, Sonnen Louisd'or, Französische Probe . . .
Von 1716 bis 1718, Noailles, mit 4 Wappen, Französische Probe
Von 1718 bis 1720, Maltheserkreuz, Französische Probe . . . . .
Von 1720 bis 1723, JL, Französische Probe . . . .
Von 1723 bis 1726, Mirlitons, desgleichen . . . .
Von 1726 bis 1785, Schild-Louisd'or, gesetzlich mit Benutzung des Kornremediums . . . .
Nach Französischen Proben . . . .
Seit 1785, gesetzlich mit Benutzung des Kornremediums . . . .
Nach Französischen Proben . . . .
Ein Stück von 1788 befunden . . . .
Doppelte und halbe, nach Verhältniß.
100 Franken-Stücke (1830), gesetzmäßig . . . .
40 Franken-Stücke, gesetzmäßig . . . .
20 Franken-Stücke, desgleichen . . . .
Ein 20 Franken-Stück von 1815, befunden . . . .
Drei Stück von verschiedenen Jahren, befunden . . . .
Ein 20 Franken-Stück von 1831, befunden . . . .
10 Franken-Stücke (1830), gesetzmäßig . . . .

Griechenland.

Nach dem Münzgesetz vom 8. (20.) Februar 1833:
40 Drachmen-Stücke . . . .
20 Drachmen-Stücke . . . .

Auf 1 Köln. Mark Brutto gehen:	Gewicht von 1 Stück in	Feingehalt.		Auf 1 Köln. Mark fein Gold gehen:	Werth eines Stückes in gesetzmäßigen Preuß. Friedrichsd'or à 5 Thlr. Gold.	à $5\frac{2}{3}$ Thlr. Courant.		
Stück.	Holl. Aß.	Kar.	Grän.	Stück.	Thlr. Gold.	Thl.	Sgr.	Pf.
17,625	275,97	21	6	19,6744	9,85271	11	4	11,9
$35\frac{5}{24}$	138,15	21	6	39,3023	4,93218	5	17	8,3
	72,6	23	8	67,944	2,85303	3	7	—
35	138,97	21	9	38,6207	5,01923	5	20	7,8
34,946	139,19	21	8	38,709	5,00778	5	20	3,2
28,775	169,04	21	$7\frac{3}{4}$	31,905	6,07573	6	26	6,9
19,227	252,98	21	$7\frac{3}{4}$	21,318	9,09307	10	9	2,0
23,926	203,29	21	8	26,503	7,31412	8	8	8,2
23,926	203,29	21	5	26,812	7,22983	8	5	9,8
36,089	134,78	21	6	40,285	4,81187	5	13	7,5
28,664	169,69	21	$8\frac{1}{4}$	31,720	6,11116	6	27	9,3
28,775	169,04	21	6	32,121	6,03487	6	25	2,2
30,575	159,08	21	$8\frac{1}{4}$	33,835	5,72917	6	14	9,5
30,575	159,08	21	$7\frac{1}{4}$	33,966	5,70706	6	14	0,5
31	156,90	21	7	34,471	5,62346	6	11	2,3
7,2495	670,94	21	7,2	8,0550	24,06525	27	8	2,6
18,124	268,37	21	7,2	20,1376	9,62610	10	27	3,4
36,248	134,18	21	7,2	40,2751	4,81305	5	13	7,7
36,328	133,89	21	$6\frac{1}{2}$	40,474	4,78940	5	12	10,1
36,265	134,12	21	$6\frac{3}{4}$	40,364	4,80245	5	13	3,4
36,655	132,7	21	$6\frac{1}{4}$	40,877	4,74218	5	11	2,8
72,495	67,09	21	7,2	80,5502	2,40652	2	21	9,9
20,2414	240,30	21	7,2	22,4904	8,61905	9	23	0,6
40,4828	120,15	21	7,2	44,9809	4,30952	4	26	6,3

Goldmünzen.

Großbrittannien und Irland.

Aeltere Münzen:

Guineen zu 21 Schillingen Sterling, gesetzmäßig . . . .
Guineen, nach gewöhnlicher Annahme . . . .
Guineen, nach Französischen Proben . . . .
Fünffache, doppelte, halbe, viertel und drittel, nach Verhältniß.
Guineen vom Jahre 1790, befunden . . . .

Neuere Münzen, seit dem 6. Februar 1817:

Fünffache Sovereigns zu 100 Schillingen Sterling, gesetzmäßig . . .
Doppelte Sovereigns zu 40 Schillingen Sterling, gesetzmäßig . . . .
Sovereigns, Pfundstücke zu 20 Schillingen Sterling, gesetzmäßig . .
Halbe Sovereigns zu 10 Schillingen Sterling, gesetzmäßig . . . . .
Sovereigns, Pfundstücke. Geringstes Ausbringen bei Benutzung des ganzen Schrot- und Korn-Remediums . . . .
Ein Sovereign vom Jahre 1824, befunden . . . .
Sovereigns in Summen, befunden . . . .

Hamburg.

Ducaten, gesetzmäßig . . . .

Hannover.

Ducaten aus früherer Zeit, gesetzmäßig . . . .
Georgsd'or aus früherer Zeit, gesetzmäßig . . . .
Doppelte Georgsd'or, Königliche, nach einer im J. 1831 vorgenommenen Valvation:
— — 10500 Stück vom Jahre 1825, befunden . . .
— — 17500 Stück von verschiedenen Jahren, mit Ausnahme des Jahres 1825, befunden . . .
Einzelne Stücke vom Jahre 1824, befunden . . . .
Einfache und halbe, nach Verhältniß.

Nach dem Münzgesetz vom 8. April 1834:

Doppelte Wilhelmsd'or . . . .
Einfache Wilhelmsd'or . . . .

Nach einer Valvation im Jahre 1840:

Doppelte Wilhelmsd'or, 5000 Stück, befunden . . . .
Doppelte Ernst Augustd'or, 10000 Stück, befunden . . . .

Auf 1 Köln. Mark Brutto gehen	Gewicht von 1 Stück in	Feingehalt.		Auf 1 Köln. Mark fein Gold gehen	Werth eines Stückes in gesetzmäßigen Preuß. Friedrichsd'or à 5 Thlr. Gold.	à $5\frac{2}{3}$ Thlr. Courant.		
Stück.	Holl. Aß.	Kar.	Grän.	Stück	Thlr Gold	Thl.	Sgr	Pf.
27,884	174,44	22	—	30,419	6,37254	7	6	8,0
28,500	170,67	22	—	31,091	6,23480	7	1	11,8
28,044	173,44	21	$11\frac{1}{2}$	30,651	6,32430	7	5	0,3
27,983	173,82	21	$11\frac{1}{4}$	30,614	6,33194	7	5	3,4
5,8557	830,63	22	—	6,3880	30,34536	34	11	8,9
14,639	332,26	22	—	15,9700	12,13814	13	22	8,4
29,278	166,13	22	—	31,9400	6,06907	6	26	4,2
58,557	83,06	22	—	63,880	3,03454	3	13	2,1
29,339	165,79	21	$11\frac{1}{4}$	32,097	6,03939	6	25	4,0
29,278	166,13	21	$11\frac{1}{2}$	32,000	6,05769	6	25	11,5
29,295	166,03	21	$11\frac{1}{2}$	32,019	6,05410	6	25	10,1
67	72,6	23	6	68,426	2,83293	3	6	3,8
67	72,6	23	8	67,944	2,85303	3	7	—
35	138,97	21	8	38,769	5,00000	5	20	—
17,6073	276,25	21	$2\frac{3}{4}$	19,9054	9,73837	11	1	1,3
17,6007	276,35	21	5	19,7237	9,82808	11	4	1,9
17,6077	276,24	21	4	19,8087	9,78591	11	2	8,7
$17\frac{7}{12}$	276,62	21	6	19,6279	9,87606	11	5	9,4
$35\frac{1}{6}$	138,31	21	6	39,2558	4,93803	5	17	10,7
17,5953	276,44	21	$5\frac{1}{2}$	19,6794	9,85021	11	4	10,9
17,5982	276,39	21	$5\frac{3}{4}$	19,6636	9,85812	11	5	2,1

Goldmünzen.

Hessen (Cassel) Kurfürstenthum.

Aeltere: Wilhelmsd'or, gesetzmäßig . . . .
Seit 1840: Wilhelmsd'or, gesetzmäßig . . . .
(S. auch Königreich Westphalen.)

Hessen (Darmstadt), Großherzogthum.

Zehn-Guldenstücke, gesetzmäßig . . . .

Hohenzollern-Hechingen.

Karolinen, gesetzmäßig . . . .
Ducaten, desgleichen . . . .

Holland, s. Niederlande.

Japan.

Cobangs, alte, ungangbare, nach Französischen u. Englischen Proben
Cobangs, neue, gangbare, desgleichen . . . .
Cobangs, neue, gangbare: Im Durchschnitt, nach Holländ. Proben im Jahre 1833
— — — Im Durchschnitt, nach Holländ. Proben im Jahre 1834
Halbe Cobangs, nach Verhältniß.
Itchebo oder Itjib, alte, ungangbare . . . .
Dergleichen, neue, gangbare . . . .

Irland, s. Großbrittannien.

Kirchenstaat.

Seit Klemens XIII.: Zecchinen, nach Französischen Proben . . . .
Dergleichen seit 1760, nach Englischen Proben . . . .
Dergleichen Römische und Bologneser, nach Mailänder Proben .
Zehn- und fünffache, doppelte und halbe, nach Verhältniß.
Doppien, von Pius VI., Französische Proben . . . .
Dergleichen, vom Jahre 1802, Englische Proben . . . .
Dergleichen Römische und Bologneser, nach Mailänder Proben .
Vierfache, doppelte und halbe, nach Verhältniß.
Seit 1818: Doppien, gesetzmäßig . . . .
Halbe, nach Verhältniß.
Zecchinen, gesetzmäßig . . . .
Halbe, nach Verhältniß.

Auf 1 Köln. Mark Brutto gehen:	Gewicht von 1 Stück in	Feingehalt.		Auf 1 Köln. Mark fein Gold gehen:	Werth eines Stückes in gesetzmäßigen Preuß. Friedrichsd'or à 5 Thlr. Gold.	à $5\frac{2}{3}$ Thlr. Courant.		
Stück.	Holl. Aß.	Kar.	Grän.	Stück.	Thlr. Gold.	Thl.	Sgr.	Pf.
35,1	138,57	21	7	39,0301	4,96659	5	18	10,4
35	138,97	21	8	38,769	5,00000	5	20	—
34,650	140,37	21	7,2	38,500	5,03496	5	21	2,3
24	202,66	18	6	31,135	6,22599	7	1	8,2
67	72,6	23	8	67,944	2,85303	3	7	—
13,222	367,87	20	6	15,479	12,52317	14	5	9,4
17,898	271,82	16	—	26,847	7,22040	8	5	5,9
17,8509	272,48	13 10	5 G 2 S	31,9321	6,07057	6 —	26 9	4,8 G 11,5 S
18,6643	260,60	12 10	$9\frac{3}{4}$ G 6 S	34,9615	5,54456	6 —	8 9	6,2 G 10 S
52,87	92,00	13	8	92,845	2,08785	2	10	11,9
71,53	68,00	15	9	109,000	1,77840	2	—	5,6
68,801	70,70	23	11	69,041	2,80770	3	5	5,5
68,748	70,75	23	10	69,229	2,80007	3	5	2,4
68,439	71,07	23	$10\frac{3}{4}$	68,737	2,82011	3	5	10,6
42,744	113,79	21	9	47,166	4,10987	4	19	8,1
42,462	114,55	21	$7\frac{1}{2}$	47,125	4,11345	4	19	10,3
42,854	113,50	21	10	47,107	4,11502	4	19	10,9
42,761	113,75	22	—	46,648	4,15551	4	21	3,4
68,2794	71,24	24	—	68,2794	2,83901	3	6	6,3

Goldmünzen.

Kirchenstaat.

Nach dem Gesetz vom 10. Januar 1835:

10 Scudi- oder 100 Paoli-Stücke . . . .
5 Scudi- oder 50 Paoli-Stücke . . . .
2½ Scudi- oder 25 Paoli-Stücke . . . .

Lippe-Schauenburg.

Doppelte Georg Wilhelmsd'or, gesetzmäßig . . . .
Ein doppelter Georg Wilhelmsd'or vom Jahre 1829, befunden . . .
Einfache, nach Verhältniß.

Lombardisch-Venetianisches Königreich.

Nach dem Gesetz vom 1. November 1823.

Souverainsd'or zu 40 Lire austr. . . . .
Halbe Souverainsd'or zu 20 Lire austr. . . . .

Aeltere Münzen.

Für das Königreich Italien, unter Napoleon:
Stücke von 40 Lire italiane, gesetzmäßig . . . .
Stücke von 20 Lire italiane, desgleichen . . . .
Für das Herzogthum Mailand, unter Oesterreich:
Zecchinen, im Durchschnitt nach verschiedenen Proben . . . . . .
Dergleichen, nach Französischen Proben . . . .
Doppien oder Pistolen, desgleichen . . . .
(Für Venedig, s. unten.)

Lucca.

Doppien oder Pistolen, nach Französischen Proben . . . .

Lübeck.

Doppelte Ducaten, gesetzmäßig . . . .
Einfache Ducaten, desgleichen . . . .

Mailand,

s. Lombardisch-Venetianisches Königreich.

Malta.

Neue Doppien oder Pistolen der letzten Großmeister . . . .
Dergleichen, nach Englischen Proben . . . .
Doppelte und halbe, nach Verhältniß.

Auf 1 Köln. Mark Brutto gehen:	Gewicht von 1 Stück in	Feingehalt.		Auf 1 Köln. Mark fein Gold gehen:	Werth eines Stückes in gesetzmäßigen Preuß. Friedrichsd'or			
					à 5 Thlr. Gold.	à 5⅔ Thlr. Courant.		
Stück.	Holl. Aß.	Kar.	Grän.	Stück.	Thlr. Gold.	Thl.	Sgr.	Pf.
13,4896	360,57	21	7,2	14,9884	12,93305	14	19	8,7
26,9792	180,29	21	7,2	29,9769	6,46653	7	9	10,3
53,9584	90,14	21	7,2	59,9537	3,23326	3	19	11,2
$17,2\frac{9}{8}$	276,30	21	6	19,6512	9,86434	11	5	4,7
17,617	276,10	21	5	19,742	9,81897	11	3	10,1
20,638	235,68	21	7,2	22,9310	8,45345	9	17	5,0
41,276	117,84	21	7,2	45,862	4,22673	4	23	8,5
18,124	268,37	21	7,2	20,1376	9,62610	10	27	3,4
36,248	134,18	21	7,2	40,2751	4,81305	5	13	7,7
67,500	72,06	23	9	68,210	2,84190	3	6	7,5
67,745	71,80	23	9	68,458	2,83161	3	6	3,3
37,002	131,45	21	9	40,830	4,74764	5	11	5,0
42,334	114,92	21	11¼	46,314	4,18548	4	22	3,7
33,5	36,3	23	6	34,213	5,66586	6	12	7,6
67	72,6	23	6	68,426	2,83293	3	6	3,8
28,45	170,97	20	6	33,307	5,81998	6	17	10,5
28,179	172,61	20	3	33,397	5,80430	6	17	4,3

Goldmünzen.

Marokko.

Miskal (Mitkul) Deheb . . . .
Bendoki zu 30 Unzen = 2 Spanischen Piastern . . . .
Halbe nach Verhältniß.
Madridia = 10 Spanischen Piastern . . . .

Mecklenburg-Schwerin.

Doppelte Friedrich-Franz- und Paulsd'or, gesetzmäßig . . . .
Dergleichen, befunden . . . .
Einfache Friedrich-Franz- und Paulsd'or, gesetzmäßig . . . .

Mecklenburg-Strelitz.

Pistolen aus früherer Zeit, gesetzmäßig . . . .

Mexico.

Onza de oro, Doblone, zu 8 Escudos de oro oder 16 Pesos, gesetzmäßig . . . .
Onza des Kaisers Augustinus, von 1823, befunden . . . .
Onza der Republik, von 1827, befunden . . . .
= = = = 1831, desgleichen . . . .
Onzas der Republik, im Durchschnitt nach Nordamerik. Untersuch.
aus der Münzstätte in Mexico . . . .
= = = in Guanaxuato . . . .
= = = in Durango . . . .
= = = in Guadalaxara . . . .
½ Onza de oro zu 4 Escudos de oro, gesetzmäßig . . . .
Vier halbe Onzas vom Jahre 1832, befunden . . . .
¼ Onza de oro zu 2 Escudos de oro (Pistole) gesetzmäßig . . . . .
¼ Onza vom Jahre 1825, befunden . . . .
Escudo de oro, gesetzmäßig . . . .
Vier Escudos vom Jahre 1831, befunden . . . .
½ Escudo oder Peso de oro, gesetzmäßig . . . .
Zehn halbe Escudos oder Pesos, vom Jahre 1831, befunden . . . .

Modena.

Stücke von 40 Lire italiane, gesetzmäßig . . . .
Stücke von 20 Lire italiane, desgleichen . . . .

Nassau.

Ducaten, gesetzmäßig . . . .

Auf 1 Köln. Mark Brutto gehen:	Gewicht von 1 Stück in	Feingehalt.		Auf 1 Köln. Mark fein Gold gehen	Werth eines Stückes in gesetzmäßigen Preuß. Friedrichsd'or à 5 Thlr. Gold.	à 5⅔ Thlr. Courant.		
Stück.	Holl. Aß.	Kar.	Grän.	Stück.	Thlr. Gold	Thl.	Sgr.	Pf.
119½	40,72	18	8	153,667	1,26147	1	12	10,7
—	—	—	—	75,907	2,55375	2	26	9,9
—	—	—	—	15,1813	12,76874	14	14	1,6
$17\frac{67}{120}$	277,02	21	6	19,600	9,89011	11	6	3,2
17,580	276,67	21	5¼	19,681	9,84941	11	4	10,5
$35\frac{7}{60}$	138,51	21	6	39,200	4,94505	5	18	1,6
35	138,97	21	8	38,769	5,00000	5	20	—
8,6409	562,90	21	—	9,8753	19,62939	22	7	4,8
8,652	562,18	20	9¼	9,9971	19,39024	21	29	3,2
8,650	562,31	20	9	10,0050	19,37493	21	28	9,0
8,647	562,56	20	10	9,9613	19,45993	22	1	7,7
8,660	561,66	20	9,5	9,9963	19,39179	21	29	3,8
8,655	561,99	20	8,5	10,0307	19,32528	21	27	0,7
8,652	562,18	20	10	9,9671	19,45100	22	1	3,0
8,676	560,74	20	9	10,0349	19,31720	21	26	9,3
17,2818	281,45	21	—	19,7506	9,81469	11	3	8,4
17,294	281,25	20	10	19,923	9,72977	11	—	9,7
34,564	140,72	21	—	39,501	4,90734	5	16	10,2
34,595	140,60	20	9	40,013	4,84458	5	14	8,6
69,127	70,36	21	—	79,002	2,45367	2	23	5,1
69,211	70,27	20	10	79,731	2,43125	2	22	7,9
138,254	35,18	21	—	158,005	1,22683	1	11	8,5
138,600	35,09	20	10	159,667	1,21406	1	11	3,3
18,124	268,37	21	7,2	20,1376	9,62610	10	27	3,4
36,248	134,18	21	7,2	40,2751	4,81305	5	13	7,7
67	72,6	23	8	67,944	2,85303	3	7	—

Goldmünzen.

Neapel, s. Sicilien.

Niederlande.

Aeltere Münzen:

Oesterreichisch=Niederländische Souverainsd'or, gesetzmäßig . . . . .
Dergleichen, nach Französischen Proben . . . .
Dergleichen, nach älteren Angaben . . . .
Halbe Oesterreichisch=Niederländische Souverainsd'or, gesetzmäßig . .
Dergleichen, nach älteren Angaben . . . .
Brabanter Ducaten . . . .
Löwen der Belgischen Staaten von 1790, à 14 Fl., befunden . . . .
Holländische Ruyder zu 14 Fl. Cour., gesetzmäßig . . . .
Dergleichen, nach Französischen Proben . . . .
Halbe Holländische Ruyder, nach Französischen Proben . . . .
Holländische Ducaten . . . .
Dergleichen, befunden . . . .
Dergleichen, nach Französischen Proben . . . .

Neuere Münzen für das Königreich der Niederlande, nach dem Gesetz vom 28. Sept. 1816, und dem Gesetz vom 22. März 1839:

Zehn=Guldenstücke, gesetzmäßig . . . .
Ein Stück vom Jahre 1819, befunden . . . .
Ein Stück vom Jahre 1824, befunden . . . .
Fünf=Guldenstücke, seit 1825, gesetzmäßig . . . .
Ducaten, gesetzmäßig . . . .
Dergleichen, befunden . . . .

Nordamerikanische, vereinigte Staaten.

Nach dem Gesetz vom 8. August 1786:

Eagles (Adler) zu 10 Dollars . . . .
Halbe Eagles zu 5 Dollars . . . .

Nach dem Gesetz vom 2. April 1792:

Eagles (Adler) zu 10 Dollars . . . .
Im Durchschnitt von 2 Jahren, nach Englischen Proben . . . .
Halbe Eagles zu 5 Dollars, gesetzmäßig . . . .
Viertel Eagles zu $2\frac{1}{2}$ Dollars, gesetzmäßig . . . .

Nach dem Gesetz vom 28. Juni 1834:

Eagles zu 10 Dollars . . . .
Halbe Eagles zu 5 Dollars . . . .
Viertel Eagles zu $2\frac{1}{2}$ Dollars . . . .

Auf 1 Köln. Mark Brutto gehen:	Gewicht von 1 Stück in	Feingehalt.		Auf 1 Köln. Mark fein Gold gehen:	Werth eines Stückes in gesetzmäßigen Preuß. Friedrichsd'or à 5 Thlr. Gold.	à 5 2/3 Thlr. Courant.		
Stück.	Holl. Aß.	Kar.	Grän.	Stück.	Thlr. Gold.	Thl.	Sgr.	Pf.
21,0468	231,10	22	¼	22,9384	8,45073	9	17	3,9
21,066	230,89	21	11½	23,025	8,41894	9	16	2,9
21,25	228,90	22	—	23,182	8,36193	9	14	3,7
42,0936	115,55	22	¼	45,8768	4,22536	4	23	7,9
42,50	114,45	22	—	46,364	4,18096	4	22	1,8
67 5/9	72	23	8	68,507	2,82958	3	6	2,5
28,25	172,18	22	—	30,818	6,29003	7	3	10,3
23,50	207	22	—	25,636	7,56148	8	17	1,1
23,543	206,60	22	—	25,683	7,54764	8	16	7,4
47,349	102,73	22	—	51,653	3,75285	4	7	7,2
67	72,6	23	7	68,184	2,84299	3	6	7,9
67,50	72,06	23	6	68,936	2,81197	3	5	7,3
67,745	71,80	23	6	69,186	2,80181	3	5	3,1
34,7534	139,96	21	7,2	38,6149	5,01998	5	20	8,2
34,80	139,77	21	7	38,696	5,00946	5	20	3,9
34,745	139,99	21	7	38,635	5,01737	5	20	7,1
69,507	69,98	21	7,2	77,2298	2,50999	2	25	4,1
66,931	72,67	23	7	68,1134	2,84593	3	6	9,1
67	72,6	23	6	68,426	2,83293	3	6	3,8
13,4346	362,05	22	—	14,6559	13,22649	14	29	8,4
26,8691	181,03	22	—	29,3118	6,61324	7	14	10,2
13,3677	363,85	22	—	14,5829	13,29270	15	1	11,4
13,367	363,88	21	10½	14,666	13,21738	14	29	4,7
26,7354	181,92	22	—	29,1658	6,64635	7	15	11,7
53,4708	90,96	22	—	58,3316	3,32318	3	22	11,9
13,9895	347,69	21	6 42/43	15,6572	12,46019	14	3	7,7
27,9789	173,84	21	6 42/43	31,1145	6,23010	7	1	9,8
55,9578	86,92	21	6 42/43	62,2289	3,11505	3	15	10,9

Goldmünzen.

Nordamerikanische, vereinigte Staaten.

Nach dem Gesetz vom 18. Januar 1837:

Eagles zu 10 Dollars . . . .
Halbe Eagles zu 5 Dollars . . . .
Viertel Eagles zu 2½ Dollars . . . .

Norwegen.

Keine Goldmünzen.

Oldenburg.

Nach dem Gesetz vom 10. Juli 1846.

Pistolen oder 5 Thalerstücke . . . .
Doppelte und halbe, nach Verhältniß.

Oesterreich.

Vierfache Reichs-Ducaten, gesetzmäßig . . . .
Doppelte Reichs-Ducaten, desgleichen . . . .
Reichs-Ducaten . . . .
Dergleichen ältere, befunden . . . .
Dergleichen von 1838 und 1839, befunden . . . .
Ungarische Ducaten, gesetzmäßig . . . .
Souverainsd'or, s. Niederlande.

Ostindien.

Englische Besitzungen.

Allgemeine Gold-Rupie oder Mohur, seit dem 1. Sept. 1835, gesetzmäßig . . . .

Batavia, s. Java.

Bengalen.

Alte Sicca-Rupien, Englische Probe . . . .
Mohurs oder Goldrupien, nach dem Gesetz von 1793 . . . .
Halbe und viertel, nach Verhältniß.
Mohurs oder Goldrupien, nach dem Gesetz vom Dezember 1818 . .
Halbe Mohurs, desgleichen . . . .
Viertel Mohurs, desgleichen . . . .

Bombay.

Alte Rupien oder Mohur, Englische Probe . . . .
Mohurs seit 1800, gesetzmäßig . . . .

Auf 1 Köln. Mark Brutto gehen:	Gewicht von 1 Stück in	Feingehalt.		Auf 1 Köln. Mark fein Gold gehen:	Werth eines Stückes in gesetzmäßigen Preuß. Friedrichsd'or à 5 Thlr. Gold.	à 5⅔ Thlr. Courant.		
Stück.	Holl. Aß.	Kar.	Grän.	Stück.	Thlr. Gold.	Thl.	Sgr.	Pf.
13,9895	347,69	21	7,2	15,5438	12,47094	14	4	0,1
27,9789	173,84	21	7,2	31,0877	6,23547	7	2	0,1
55,9578	86,92	21	7,2	62,1753	3,11773	3	16	0,0
35⅙	138,31	21	6	39,2558	4,93803	5	17	10,7
16,75	290,4	23	8	16,986	11,41212	12	28	0,1
33,50	145,2	23	8	33,972	5,70606	6	14	0,1
67	72,6	23	8	67,944	2,85303	3	7	—
67,75	71,88	23	7½	68,825	2,81651	3	5	9,1
67,02	72,58	23	8	67,964	2,85219	3	6	11,7
67	72,6	23	9	67,705	2,86310	3	7	4,1
20,051	242,58	22	—	21,874	8,86194	10	1	3,7
18,896	257,41	23	10	19,028	10,18742	11	16	4,5
18,907	257,26	23	9,8	19,053	10,17405	11	15	11
17,631	275,87	22	—	19,234	10,07831	11	12	7,9
35,262	137,93	22	—	38,468	5,03915	5	21	4,0
70,524	68,97	22	—	76,936	2,51958	2	25	8,0
20,239	240,33	22	10½	21,234	9,12905	10	10	4,6
20,164	241,22	22	1	21,914	8,84577	10	—	9,1

Goldmünzen.

Ostindien.

Bombay.

Fünf-Mohursstücke seit 1824, gesetzmäßig . . . .
Mohur, desgleichen . . . .
Halbe Mohurs, desgleichen . . . .
Viertel Mohurs, desgleichen . . . .

Calcutta, s. Bengalen.

Calicut.

Fanams . . . .

Cananor.

Fanams . . . .

Darwar.

Pagoden, Ostindische Probe . . . .

Deckan-Puna.

Pagoden, Ostindische Probe . . . .
Fanams, desgleichen . . . .

Goa.

St. Thomas, Englische Angabe . . . .

Java (Holländisch-Ostindische Compagnie).

Mohur vom Jahre 1783, Englische Probe . . . .
Mohur vom Jahre 1797, desgleichen . . . .
Halber Mohur vom Jahre 1801, desgleichen . . . .

Madras.

Star-Pagoden, gesetzmäßig . . . .
Dergleichen, nach Englischen Proben . . . .
Arcot-Pagoden, nach Englischen Proben . . . .
Neue Gold-Rupien oder Mohurs, seit 1818, gesetzmäßig . . . . . .
Halbe Mohurs, gesetzmäßig . . . .
Drittel Mohurs, desgleichen . . . .
Viertel Mohurs, desgleichen . . . .
Neue ganze, halbe, Drittel- u. Viertel-Rupien, im J. 1833 befunden

Mysore.

Sultan-Mohurs zu 4 Pagoden, Englische Angabe . . . .
Halbe und Viertel, im Verhältniß.
Alte Ekairi-Pagoden, Ostindische Probe . . . .

Auf 1 Köln. Mark Brutto gehen: Stück.	Gewicht von 1 Stück in Holl. Aß.	Feingehalt. Kar.	Grän.	Auf 1 Köln. Mark fein Gold gehen: Stück.	Werth eines Stückes in gesetzmäßigen Preuß. Friedrichsd'or à 5 Thlr. Gold. Thlr. Gold.	à 5⅔ Thlr. Courant. Thl.	Sgr.	Pf.
4,0103	1212,87	22	—	4,3748	44,30972	50	6	6,4
20,051	242,58	22	—	21,874	8,86194	10	1	3,7
40,102	121,29	22	—	43,748	4,43097	5	—	7,8
80,204	60,64	22	—	87,496	2,21549	2	15	3,9
630	7,72	12	—	1260	0,15385	—	5	2,8
642,5	7,57	10	3	1504,39	0,12885	—	4	4,6
71,110	68,40	18	4	93,089	2,08237	2	10	9,6
68,420	71,09	20	3	81,090	2,39051	2	21	3,3
618	7,87	14	—	1059,43	0,18297	—	6	1,5
67,463	72,10	18	—	89,951	2,15502	2	13	3,2
14,914	326,14	18	2¼	19,681	9,84941	11	4	10,5
15,293	318,05	17	9	20,678	9,37451	10	18	7,3
29,225	166,43	18	8¼	37,533	5,16468	5	25	9,9
68,319	71,19	20	2	81,305	2,38418	2	21	0,7
68,422	71,09	19	—	86,428	2,24286	2	16	3,1
68,748	70,75	14	9	111,861	1,73292	1	28	11,0
20,051	242,58	22	—	21,874	8,86194	10	1	3,7
40,102	121,29	22	—	43,748	4,43097	5	—	7,8
60,153	80,86	22	—	65,622	2,95398	3	10	5,2
80,204	60,64	22	—	87,496	2,21549	2	15	3,9
20,069	242,36	21	11	21,977	8,82053	9	29	10,8
17,025	285,70	20	7	19,851	9,76506	11	2	0,1
68,591	70,91	20	3	81,293	2,38453	2	21	0,9

Goldmünzen.

Ostindien.

Mysore.

Bhol Ekairi-Pagoden, Ostindische Probe . . . .
Bhulpuddi-Pagoden, desgleichen . . . .
Bahaudry-Pagoden, von Seringapatam, Ostindische Probe . . . . .
Funoki-Pagoden, desgleichen . . . .
Neue Ekairi-Pagoden oder Star-Pagoden von Mysore, desgleichen
Bangalori-Pagoden, desgleichen . . . .
Sultan-Fanams, Englische Angabe . . . .
" " Ostindische Probe . . . .

Parma und Piacenza.

Achtfache Pistolen seit 1786, tarifmäßig . . . .
Vierfache Pistolen " " " . . . .
Doppelte Pistolen " " " . . . .
Pistolen " " " . . . .
Zecchinen " " " . . . .
Seit 1815: Stücke von 40 Lire italiane, gesetzmäßig . . . .
Stücke von 20 Lire italiane, gesetzmäßig . . . .
Ein 20 Lire italiane von 1818, Englische Probe . . . .

Persien.

Tomans, Ostindische Probe . . . .
Tomans neuerer Art, Ostindische Probe . . . .
Toman vom J. 1839, nach Nordamerikanischen Untersuchungen . . .
Halber Toman vom J. 1837, desgleichen . . . .

Peru, s. Südamerikanische Freistaaten.

Polen.

Aeltere Münzen:

Ducaten, seit 1766, gesetzmäßig . . . .
Ducaten vom Jahre 1812, ältere Proben . . . .

Neuere Münzen,

nach der Ukase vom 19. November (1. Dezember) 1815:

50 Guldenstücke (50 Zlot), gesetzmäßig . . . .
Ein Stück vom Jahre 1819, befunden . . . .
Ein anderes Stück vom Jahre 1819, desgleichen . . . .
25 Guldenstücke (25 Zlot), gesetzmäßig . . . .
Ein Stück vom Jahre 1817, befunden . . . .

Auf 1 Köln. Mark Brutto gehen:	Gewicht von 1 Stück in	Feingehalt.		Auf 1 Köln. Mark fein Gold gehen:	Werth eines Stückes in gesetzmäßigen Preuß. Friedrichsd'or à 5 Thlr. Gold.	à 5⅔ Thlr. Courant.		
Stück.	Holl. Aß.	Kar.	Grän.	Stück.	Thlr. Gold.	Thl.	Sgr.	Pf.
68,500	71,01	20	3⅓	81,074	2,39098	2	21	3,5
68,396	71,12	20	4¾	80,482	2,40856	2	21	10,7
68,461	71,03	20	3⅓	81,028	2,39233	2	21	4,1
68,356	71,16	20	3¾	80,756	2,40012	2	21	7,2
68,319	71,19	20	2	81,305	2,38418	2	21	0,7
68,332	71,18	20	2½	81,153	2,38865	2	21	2,6
601,546	8,09	14	—	1031,222	0,18798	—	6	4,7
614,868	7,91	13	11	1060,371	0,18281	—	6	2,6
4,092	1188,66	21	1½	4,649	41,69631	47	7	8,1
8,191	593,82	21	1½	9,306	20,83023	23	18	2,7
16,411	296,39	21	1½	18,644	10,39724	11	23	6,1
32,937	147,68	21	1½	37,420	5,18028	5	26	1,5
67,784	71,76	23	9	68,497	2,82999	3	6	2,6
18,124	268,37	21	7,2	20,1376	9,62610	10	27	3,4
36,248	134,18	21	7,2	40,275	4,81305	5	13	7,7
36,274	134,09	21	6¾	40,374	4,80126	5	13	2,9
49,106	99,05	23	4	50,509	3,83785	4	10	5,8
52,381	92,86	23	4	53,878	3,59787	4	2	3,9
67,212	72,37	23	2	69,630	2,78394	3	4	7,8
133,677	36,39	23	2¾	138,113	1,40353	1	17	8,6
67	72,6	23	7	68,184	2,84299	3	6	7,9
67	72,6	23	5	68,669	2,82291	3	5	11,7
23⅚	204,08	22	—	26,000	7,45562	8	13	5,9
23,866	203,80	22	—	26,036	7,44531	8	13	1,7
23,881	203,68	21	11½	26,101	7,42677	8	12	6,1
47⅔	102,04	22	—	52,000	3,72781	4	6	8,9
47,680	102,01	22	—	52,015	3,72674	4	6	8,5

Goldmünzen.

Polen.

Aus der Revolution:

Ducaten mit holländischem Gepräge vom Jahre 1831, befunden . . .

Nach der Ukase vom 1. Mai 1834:

Ducaten oder Rubel-Imperial zu 20 Gulden (3 Rubel), gesetzmäßig

Ein Stück vom Jahre 1835, befunden . . . .

Goldmünzen von 1842 an, wie Rußland.

Portugal.

Aeltere Münzen:

Dobraons zu 24000 Reïs, gesetzmäßig . . . .
" " " " Englische Probe . . . .
" vom Jahre 1725, befunden . . . .
Halbe Dobraons zu 12000 Reïs, gesetzmäßig . . . .
" " " Französische Probe . . . .
Lisbonnines Moid'or zu 4800 Reïs, gesetzmäßig . . . .
Halbe, nach Verhältniß.
Lisbonnine zu 4800 Reïs, Französische Probe . . . .
Halbe Lisbonnine zu 2400 Reïs, Französische Probe . . . .
Milreïs zu 1200 Reïs, gesetzmäßig . . . .
" " " " Englische Probe . . . .
Cruzados zu 480 Reïs, gesetzmäßig . . . .
Cruzados zu 480 Reïs, Englische Probe . . . .

Dobras zu 12800 Reïs, erhöht auf 15000 Reïs, gesetzmäßig . . . . .
" " " " " " " " Französische Probe
" " " " " " " " von 1730, befunden
½ Dobras zu 6400 Reïs, erhöht auf 7500 Reïs, gesetzmäßig . . . . .
" " " " " " " " " Französische Probe .
¼ Dobras zu 3200 Reïs, erhöht auf 3750 Reïs, gesetzmäßig . . . . .
" " " " " " " " " Französische Probe .
Escudos zu 1600 Reïs, gesetzmäßig . . . .
Halbe, nach Verhältniß.
Escudos zu 1600 Reïs, Französische Probe . . . .
½ Escudo zu 800 Reïs, Französische Probe . . . .
Alte Cruzados zu 400 Reïs, gesetzmäßig . . . .

Von Michael:

Halbe Dobra vom J. 1830, zu 7500 Reïs, nach hydrostat. Untersuch.
Viertel-Dobra zu 3750 Reïs, nach Verhältniß.

Auf 1 Köln. Mark Brutto gehen:	Gewicht von 1 Stück in	Feingehalt.		Auf 1 Köln. Mark fein Gold gehen	Werth eines Stückes in gesetzmäßigen Preuß. Friedrichsd'or à 5 Thlr. Gold.	à $5\frac{2}{3}$ Thlr. Courant.		
Stück	Holl. Aß	Kar	Grän.	Stück.	Thlr. Gold.	Thl.	Sgr.	Pf.
67	72,6	23	$6\frac{1}{2}$	68,304	2,83799	3	6	5,9
59,559	81,67	22	—	64,973	2,98349	3	11	5,3
59,590	81,62	21	$11\frac{3}{4}$	65,069	2,97909	3	11	3,5
4,3483	1118,60	22	—	4,7436	40,86478	46	9	4,8
4,359	1115,85	22	—	4,755	40,76680	46	6	0,9
4,357	1116,36	21	11	4,771	40,63009	46	1	5,1
8,6966	559,30	22	–	9,4872	20,43239	23	4	8,4
8,718	557,93	22	—	9,510	20,38340	23	3	0,4
21,742	223,71	22	—	23,718	8,17296	9	7	10,6
21,794	223,18	22	—	23,775	8,15336	9	7	2,6
43,597	111,57	21	$11\frac{1}{2}$	47,651	4,06804	4	18	3,8
86,966	55,93	22	—	94,872	2,04324	2	9	5,6
89,671	54,24	21	$10\frac{7}{8}$	98,241	1,97317	2	7	1,1
217,416	22,37	22	—	237,181	0,81730	—	27	9,5
222,109	21,90	21	$10\frac{1}{8}$	244,034	0,79434	—	27	0,1
8,1531	596,58	22	—	8,8943	21,79442	24	21	0,1
8,168	595,49	21	$11\frac{1}{2}$	8,927	21,71459	24	18	3,5
8,167	595,57	21	$10\frac{1}{2}$	8,960	21,63461	24	15	6,9
16,3062	298,29	22	—	17,7886	10,89721	12	10	6,1
16,367	297,18	21	$11\frac{1}{4}$	17,906	10,82576	12	8	0,9
32,6124	149,15	22	—	35,5772	5,44860	6	5	3,0
32,859	148,03	21	$11\frac{1}{4}$	35,948	5,39240	6	3	4,1
65,225	74,57	22	—	71,155	2,72430	3	2	7,5
65,708	74,02	21	$11\frac{1}{4}$	71,886	2,69658	3	1	8,2
133,403	36,46	21	11	146,084	1,32695	1	15	1,4
260,90	18,64	22	—	284,618	0,68107	—	23	1,9
16,361	297,29	22	—	17,848	10,86094	12	9	3,3

Goldmünzen.

Portugal.

Neueste Münzen, nach dem Gesetz vom 24. April 1835:

Corõas d'ouro, Goldkrone zu 5000 Reïs . . . .
Meias-Corõas d'ouro, halbe Goldkronen zu 2500 Reïs . . . .
Goldkrone vom Jahre 1838, nach Nordamerikan. Untersuchungen . .
Halbe Goldkrone vom J. 1838, nach Nordamerik. Untersuchungen . .

Preußen.

Nach den Münzedikten vom 14. Juli 1750 und 29. März 1764 bis in das Jahr 1770:

Friedrichsd'or, doppelte à 10 Thaler, gesetzmäßig . . . .
" einfache à 5 Thaler, gesetzmäßig . . . .
" halbe à 2½ Thaler, gesetzmäßig . . . .

Von 1771 an und nach dem Münzgesetz v. 30. Sept. 1821:

Friedrichsd'or, doppelte à 10 Thaler, gesetzmäßig . . . .
" einfache à 5 Thaler, gesetzmäßig . . . .
" halbe à 2½ Thaler, gesetzmäßig . . . .

Rußland.

Species-Ducaten seit 1700 . . . .
" " von Paul I., 1797, gesetzmäßig . . . .
Andreas-Ducaten zu 2 Rubel von Peter I., 1718 . . . .
Imperial-Ducaten à 5 Rubel von 1798, gesetzmäßig . . . .
" " " " von 1801, Englische Probe . . . . . .
Doppelte, nach Verhältniß.
Goldrubel, doppelte vom Jahre 1756, befunden . . . .
" einfache vom Jahre 1756, Französische Probe . . . . . .
Halbe, nach Verhältniß.
Imperialen zu 10 Rubel, von 1755—1762 . . . .
Halbe, nach Verhältniß.

Nach der Ukase vom 18. Dezbr. 1763 und der Ukase vom 14. Febr. 1817:

Imperialen zu 10 Rubel, gesetzmäßig . . . .
" vom Jahre 1768, befunden . . . .
Halbe Imperialen zu 5 Rubel, gesetzmäßig . . . .
Ein Stück vom Jahre 1823, befunden . . . .
Ein Stück vom Jahre 1830, befunden . . . .
40 Stück von den Jahren 1817—1830, befunden . . . .
1000 Stück vom Jahre 1836, befunden . . . .
346 Stück nach süddeutscher Probe im Jahre 1847 . . . .

Auf 1 Köln. Mark Brutto gehen	Gewicht von 1 Stück in	Feingehalt.		Auf 1 Köln. Mark fein Gold gehen:	Werth eines Stückes in gesetzmäßigen Preuß. Friedrichsd'or à 5 Thlr. Gold.	à 5⅔ Thlr. Courant.		
Stück.	Holl. Aß.	Kar.	Grän.	Stück.	Thlr Gold	Thl.	Sgr	Pf.
24,4593	198,86	22	—	26,6829	7,26481	8	7	—
48,9186	99,43	22	—	53,3658	3,63240	4	3	6,0
24,387	199,45	21	10½	26,756	7,24496	8	6	3,9
48,774	99,72	21	10½	53,512	3,62248	4	3	1,9
17,5	277,94	21	9	19,3103	10,03846	11	11	3,7
35	138,97	21	9	38,6207	5,01923	5	20	7,8
70	69,48	21	9	77,2414	2,50962	2	25	3,9
17,5	277,94	21	8	19,3846	10,00000	11	10	—
35	138,97	21	8	38,7692	5,00000	5	20	—
70	69,48	21	8	77,5384	2,50000	2	25	—
67,429	72,13	23	3	69,604	2,78498	3	4	8,3
67,143	72,44	23	8	68,089	2,84695	3	6	9,6
57,143	85,12	18	9	73,143	2,65023	3	—	1,3
38,470	126,43	23	8	39,012	4,96888	5	18	11,3
39	124,72	23	6¾	39,724	4,87982	5	15	11,0
72,576	67,02	22	—	79,173	2,44839	2	23	2,9
146,802	33,13	22	—	160,148	1,21042	1	11	1,8
14,118	344,52	22	—	15,402	12,58578	14	7	11,0
17,8676	272,22	22	—	19,4919	9,94496	11	8	1,5
18,054	269,41	21	11	19,770	9,80507	11	3	4,5
35,7351	136,11	22	—	38,9838	4,97248	5	19	0,8
35,695	136,27	22	—	38,940	4,97807	5	19	3,1
36,117	134,67	22	—	39,400	4,91995	5	17	3,3
35,715	136,19	22	—	38,962	4,97526	5	19	1,9
35,7592	136,02	21	11¾	39,0470	4,96443	5	18	9,5
35,880	135,56	21	11¼	39,179	4,94771	5	18	2,7

Goldmünzen.

Rußland.

Nach der Ukase vom 1. Mai 1834:

Rubel-Imperial zu 3 Rubeln oder 20 Fl. Polnisch, gesetzmäßig . .
Ein Stück vom Jahre 1835, befunden . . . .

Ducaten mit niederländischem Gepräge und nach gleicher Ausbringung

Sachsen, Königreich.

Doppelte Augustd'or à 10 Thaler, gesetzmäßig . . . .
Augustd'or à 5 Thaler, gesetzmäßig . . . .
Halbe, nach Verhältniß.
Nach einer Valvation im Jahre 1831 von 14500 St. doppelter Augustd'or älterer Zeit . . . .
Ducaten, ältere, gesetzmäßig . . . .
Ein Ducaten vom Jahre 1830, befunden . . . .

Sachsen-Coburg.

Ducaten . . . .

Sardinien, Königreich.

Aeltere Münzen:

Savoyische und Piemontesische seit 1786:

Karolinen oder 5 Doppien, gesetzmäßig . . . .
2½, 1, ½ und ¼ Doppienstücke, nach Verhältniß.
Karolin vom Jahre 1786, Französische Probe . . . .
Halber Karolin vom Jahre 1786, Französische Probe . . . .
Doppien oder Pistolen von 1786 und 1797, Französische Proben . .
Halbe Doppien oder Pistolen von 1786 und 1797, Französische Proben

Genuesische:

Zecchinen . . . .
Genovine zu 100 Lire, 1758, Französische Probe . . . .
½ Genovine zu 50 Lire, 1753, Französische Probe . . . .
¼ Genovine zu 25 Lire, 1758, Französische Probe . . . .
Genovinen zu 96 Lire, 1793 und 1795, Französische Proben . . . .
½ Genovine zu 48 Lire, 1792, Französische Probe . . . .
½ Genovine zu 48 Lire, 1794, Französische Probe . . . .
¼ Genovine zu 24 Lire, 1792, Französische Probe . . . .
4 Pistolen- oder 96 Lire-Stück der Ligurischen Republik von 1798, Französische Probe . . . .
Halbe, nach Verhältniß.

Auf 1 Köln. Mark Brutto gehen:	Gewicht von 1 Stück in	Feingehalt.		Auf 1 Köln. Mark fein Gold gehen:	Werth eines Stückes in gesetzmäßigen Preuß. Friedrichsd'or à 5 Thlr. Gold.	à 5⅔ Thlr. Courant.		
Stück.	Holl. Aß.	Kar.	Grän.	Stück.	Thlr. Gold.	Thl.	Sgr.	Pf.
59,559	81,67	22	—	64,973	2,98349	3	11	5,3
59,590	81,62	21	11¾	65,069	2,97909	3	11	3,5
67	72,6	23	6	68,426	2,83293	3	6	3,8
17,5	277,94	21	8	19,3846	10,00000	11	10	—
35	138,97	21	8	38,7692	5,00000	5	20	—
17,6198	276,05	21	6	19,6686	9,85562	11	5	1,1
67	72,60	23	8	67,944	2,85303	3	7	—
67,283	72,29	23	6	68,715	2,82102	3	1	6,6
67	72,6	23	6	68,426	2,83293	3	6	3,8
5,125	949,07	21	9	5,655	34,27872	38	25	5,7
5,1375	946,76	21	8,4	5,682	34,11583	38	19	11,3
10,287	472,83	21	8,4	11,377	17,03842	19	9	4,6
25,746	188,92	21	8,6	28,453	6,81285	7	21	7,6
51,807	93,89	21	8,4	57,298	3,38312	3	25	0,3
67,500	72,06	23	10½	67,853	2,85685	3	7	1,6
8,307	585,53	21	9	9,166	21,14839	23	29	0,5
16,614	292,76	21	11¼	18,176	10,66495	12	2	7,3
33,105	147,23	21	9	36,530	5,30649	6	0	5,0
9,288	523,69	21	9½	10,229	18,95065	21	14	3,9
18,577	261,83	21	10½	20,382	9,51065	10	23	4,3
18,577	261,83	21	11¼	20,324	9,53779	10	24	3,4
37,315	130,35	21	10½	40,940	4,73488	5	10	11,8
9,288	523,69	21	9½	10,229	18,95065	21	14	3,9

Goldmünzen.

Sardinien, Königreich.

Sardinische (Insel):

Karolin vom Jahre 1773, Französische Probe . . . .
Halbe, nach Verhältniß.
Dopiette vom Jahre 1773, desgleichen . . . .

Neuere Münzen:

Doppien zu 100 Lire nuove (seit 1832), gesetzmäßig . . . .
Doppien zu 80 Lire nuove (seit 1816), gesetzmäßig . . . .
Doppien zu 50 Lire nuove (seit 1832), gesetzmäßig . . . .
Doppien zu 40 Lire nuove (seit 1816), gesetzmäßig . . . .
Doppien zu 20 Lire nuove (Marengos unter Französ. Herrschaft), gesetzmäßig . . . .
Doppiette zu 10 Lire nuove (seit 1832), gesetzmäßig . . . .

Schwarzburg-Rudolstadt.

Ducaten . . . .

Schweden.

Seit 1777, bestätigt durch das Gesetz vom 25. Juni 1830:

Vier-Ducaten, gesetzmäßig . . . .
Zwei-Ducaten, desgleichen . . . .
Ducaten, desgleichen . . . .

Nach den Gesetzen vom 9. Mai 1835 und 23. Mai 1845:

Vier-Ducaten-Stücke . . . .
Zwei-Ducaten-Stücke . . . .
Ducaten . . . .
Neue vierfache Ducaten vom Jahre 1839, befunden . . . .
Neue einfache Ducaten vom Jahre 1838, befunden . . . .
Ein Ducaten vom Jahre 1843, befunden . . . .
Ein Ducaten vom Jahre 1846, befunden . . . .
Ducaten, nach süddeutscher Probe . . . .

Schweiz.

Im Allgemeinen, als Helvetische Republik:

Doppelpistole à 32 Franken, vom Jahre 1800, Französische Probe . .
Pistole à 16 Franken, vom Jahre 1800, Französische Probe . . . . .

Nach dem Münzgesetz vom Jahre 1818:

Pistolen, doppelte . . . .
= einfache . . . .

Auf 1 Köln. Mark Brutto gehen	Gewicht von 1 Stück in	Feingehalt.		Auf 1 Köln. Mark fein Gold gehen:	Werth eines Stückes in gesetzmäßigen Preuß. Friedrichsd'or à 5 Thlr. Gold.	à $5\frac{2}{3}$ Thlr. Courant.		
Stück	Holl. Aß.	Kar.	Grän.	Stück.	Thlr. Gold	Thl.	Sgr	Pf
14,579	333,63	21	$4\frac{1}{4}$	16,385	11,83071	13	12	2,9
73,378	66,29	21	$4\frac{1}{4}$	82,470	2,35050	2	19	11,0
7,2495	670,94	21	7,2	8,0550	24,06525	27	8	2,6
9,062	536,73	21	7,2	10,0688	19,25220	21	24	6,9
14,499	335,47	21	7,2	17,1100	12,03262	13	19	1,3
18,124	268,37	21	7,2	20,1376	9,62610	10	27	3,4
36,248	134,18	21	7,2	40,275	4,81305	5	13	7,7
72,495	67,09	21	7,2	80,550	2,40652	2	21	9,9
67	72,6	23	6	68,426	2,83293	3	6	3,8
$16\frac{25}{32}$	289,84	23	5	17,1993	11,27058	12	23	2,4
$33\frac{9}{16}$	144,92	23	5	34,398	5,63529	6	11	7,2
$67\frac{1}{8}$	72,46	23	5	68,797	2,81765	3	5	9,6
16,7726	290,00	23	$4\frac{40}{41}$	17,1919	11,27543	12	23	4,4
33,5452	145,00	23	$4\frac{40}{41}$	34,3838	5,63771	6	11	8,2
67,0904	72,50	23	$4\frac{40}{41}$	68,7677	2,81885	3	5	10,1
16,794	18,10	23	$4\frac{7}{8}$	17,220	11,25703	12	22	8,9
67,178	72,40	23	$4\frac{7}{8}$	68,882	2,81416	3	5	8,2
67,227	72,35	23	$4\frac{1}{2}$	69,024	2,80837	3	5	5,8
67,227	72,35	23	$5\frac{1}{8}$	68,871	2,81462	3	5	8,3
67,072	72,52	23	$4\frac{1}{4}$	68,927	2,81234	3	5	7,4
15,341	317,06	21	$7\frac{1}{2}$	17,026	11,38530	12	27	1,2
30,791	157,97	21	7	34,239	5,66156	6	12	5,9
15,2879	318,17	21	7,2	16,986	11,41211	12	28	0,1
30,575	159,08	21	7,2	33,972	5,70606	6	14	0,1

E *

Goldmünzen.

Schweiz.

Basel.

Alte Goldgulden ohne Jahrzahl, Französische Probe
Alte Ducaten ohne Jahrzahl, Französische Probe
Pistole zu 16 Schweizer Franken, von 1795, Französische Probe
Neue Pistolen zu 16 Franken, gesetzmäßig
Neue Ducaten, gesetzmäßig

Bern.

Achtfache Ducaten von 1796, Französische Probe
Sechsfache und vierfache, nach Verhältniß.
Doppelte Ducaten von 1796, Französische Probe
Doppelter Ducaten von 1796, befunden
Ducaten von 1794, befunden
Ducaten, Französische Probe
Ducaten, ausgemünzt 1814 bis 1830
Neue Ducaten, gesetzmäßig
Doppelte Pistolen von 1795 und 1798, Französische Proben
Doppelte Pistole von 1796, befunden
Pistolen vom Jahre 1796, Französische Probe
Pistolen, ausgemünzt 1814 bis 1830
Doppelte und halbe, nach Verhältniß.
Neue Pistolen zu 16 Schweizer Franken, gesetzmäßig

Genf.

Dreifache Pistolen von 1771, Französische Probe
Pistolen vom Jahre 1762, desgleichen

Luzern.

Doppelter Ducaten von 1714, befunden
Pistole von 1794, befunden
Pistolen vom Jahre 1794, Französische Probe
Doppelte, nach Verhältniß.

Sanct-Gallen.

Ducaten
Alter Ducaten von 1781, Französische Probe

Schwyz.

Ducaten vom Jahre 1781, Französische Probe

Solothurn.

Ducaten vom Jahre 1768

Auf 1 Köln. Mark Brutto gehen:	Gewicht von 1 Stück in	Feingehalt.		Auf 1 Köln. Mark fein Gold gehen:	Werth eines Stückes in gesetzmäßigen Preuß. Friedrichsd'or à 5 Thlr. Gold.	à 5⅔ Thlr. Courant.		
Stück.	Holl. Aß.	Kar.	Grän.	Stück.	Thlr. Gold.	Thl.	Sgr.	Pf.
73,378	66,29	16	8	105,664	1,83455	2	2	4,5
73,378	66,29	21	11½	80,200	2,41763	2	22	2,1
30,573	159,09	21	4½	34,327	5,64705	6	12	0,0
30,575	159,08	21	7,2	33,972	5,70606	6	14	0,1
67 5/9	72	23	8	68,507	2,82958	3	6	2,5
8,467	574,46	23	5½	8,662	22,37891	25	10	10,6
34,129	142,52	23	5½	34,917	5,55163	6	8	9,1
33,898	143,49	23	5¾	34,650	5,59436	6	10	2,5
66,667	72,96	23	5½	68,206	2,84206	3	6	7,5
67,745	71,80	23	5½	69,309	2,79684	3	5	1,1
67,736	71,81	23	6	69,177	2,80217	3	5	3,3
67,000	72,6	23	6	68,426	2,83293	3	6	3,8
15,341	317,06	21	7½	17,026	11,38530	12	27	1,2
15,296	317,98	21	6½	17,042	11,37461	12	26	8,8
30,791	157,97	21	7½	34,172	5,67266	6	12	10,2
30,575	159,08	21	8	33,868	5,72358	6	14	7,2
30,575	159,08	21	7,2	33,972	5,70606	6	14	0,1
13,673	355,74	21	11	14,972	12,94724	14	20	2,5
41,150	118,20	21	10	45,234	4,28541	4	25	8,4
33,898	143,49	23	6½	34,558	5,60925	6	10	8,5
30,710	158,38	21	2¾	34,718	5,58337	6	9	10,1
30,791	157,97	21	7¼	34,206	5,66702	6	12	8,1
67	72,6	23	6	68,426	2,83293	3	6	3,8
68,801	70,70	22	9½	72,448	2,67566	3	0	11,7
67,745	71,80	22	6	72,261	2,68258	3	1	2,5
67,745	71,80	23	6	68,761	2,81913	3	5	10,2

Goldmünzen.

Schweiz.

Solothurn.

Pistolen, Französische Proben
Doppelte und halbe, nach Verhältniß.
Doppelte Pistole von 1798, befunden
Pistole von 1797, befunden
Halbe Pistole von 1813, befunden
Neue Pistolen, gesetzmäßig

Zürich.

Ducaten von 1775 und 1776, nach mehreren Proben
Doppelte und halbe, nach Verhältniß.

Sicilien (Königreich beider).

Aeltere Münzen von Neapel:

6 Ducati-Stück von 1767, Französische Probe
" " " von 1768 und 1772, Französische Proben
" " " von 1783, desgleichen
4 " " von 1767 und 1770, desgleichen
2 " " von 1762, desgleichen

Unter König Joachim (1809—1813):

40 Lire-Stücke, gesetzmäßig
20 Lire-Stücke, desgleichen

Aeltere Münzen von Sicilien:

Doppelte Oncia von 1753, Französische Probe
" von 1758, Englische Probe
Oncia von 1734 und 1741, Französische Proben
" von 1751, desgleichen

Neuere Münzen des Königreichs nach dem Gesetz vom 20. April 1818:

10 Oncette-Stücke zu 30 Ducati, gesetzmäßig
10 Oncette-Stücke, Oesterreichische Proben
5 Oncette-Stücke zu 15 Ducati, gesetzmäßig
5 Oncette-Stücke, Oesterreichische Proben
2 Oncette-Stücke zu 6 Ducati, gesetzmäßig
Oncette zu 3 Ducati, gesetzmäßig
Oncetta vom Jahre 1818, Englische Probe
Oncette-Stücke, Oesterreichische Proben

Auf 1 Köln. Mark Brutto gehen:	Gewicht von 1 Stück in	Feingehalt.		Auf 1 Köln. Mark fein Gold gehen:	Werth eines Stückes in gesetzmäßigen Preuß. Friedrichsd'or à 5 Thlr. Gold.	à 5⅔ Thlr. Courant.		
Stück.	Holl. Aß.	Kar.	Grän.	Stück.	Thlr. Gold.	Thl.	Sgr.	Pf.
30,573	159,09	21	6¾	34,029	5,69650	6	13	8,2
15,340	317,07	21	6¾	17,075	11,35296	12	26	0,0
30,888	157,47	21	6¼	34,446	5,62749	6	11	4
60,606	80,25	21	6½	67,523	2,87079	3	7	7,3
30,575	159,08	21	7,2	33,972	5,70606	6	14	0,1
67,745	71,80	23	6	68,761	2,81913	3	5	10,2
26,520	183,41	20	3½	31,366	6,18014	7	—	1,5
26,684	182,28	20	4	31,496	6,15463	6	29	3,1
26,520	183,41	21	5¼	29,690	6,52900	7	11	11,8
39,670	122,61	20	4	46,824	4,13989	4	20	9,1
81,540	59,65	20	3¾	96,343	2,01204	2	8	4,9
18,124	268,37	21	7,2	20,1376	9,62610	10	27	3,4
36,248	134,18	21	7,2	40,275	4,81305	5	13	7,7
26,362	184,51	20	6	30,863	6,28086	7	3	6,2
26,346	184,62	20	6	30,844	6,28473	7	3	8,2
53,052	91,68	21	5	59,451	3,26060	3	20	10,3
53,052	91,68	20	7½	61,733	3,14007	3	16	9,1
6,1756	787,62	23	10,85	6,2004	31,26349	35	12	11,5
6,192	785,53	23	10¾	6,219	31,16999	35	9	9,3
12,351	393,81	23	10,85	12,401	15,63174	17	21	5,7
12,400	392,25	23	10¾	12,454	15,56497	17	19	2,5
30,878	157,52	23	10,85	31,002	6,25270	7	2	7,1
61,756	78,76	23	10,85	62,004	3,12635	3	16	3,5
61,962	78,50	23	10½	62,286	3,11219	3	15	9,8
62,025	78,42	23	10¾	62,295	3,11174	3	15	9,6

Goldmünzen.

Spanien.

Aeltere Münzen von 1730 bis 1772:

Vierfache Pistolen, Quadruples, gesetzmäßig . . . .
Zweifache, nach Verhältniß.
Quadruples von 1756 und 1762, Französische Proben . . . .
= von 1740, 1751, 1756, 1761 und 1767, Franz. Proben .
= vor 1772, Englische Angabe . . . .
Doppelte und einfache Pistolen, nach Verhältniß.
Pistolen, gesetzmäßig . . . .
= nach gewöhnlicher Annahme . . . .
Halbe, nach Verhältniß.
Escudillo de oro, Goldpiaster, Französische Probe . . . .

Aeltere Münzen, nach dem Gesetz vom 29. Mai 1772:

Vierfache Pistolen, Quadruples, gesetzmäßig . . . .
Doppelte Pistolen, nach Verhältniß.
Pistolen, gesetzmäßig . . . .
Halbe Pistolen, nach Verhältniß.
Quadruple vom Jahre 1785, Französische Probe . . . .
= vom Jahre 1772, Englische Probe . . . .
Doppelte und einfache Pistolen, nach Verhältniß.
Escudillo de oro von 1772, Englische Probe . . . .

Münzen seit 1786:

Onzas de oro, Quadruples, gesetzmäßig . . . .
½ Onzas, Doblons de a ocha, gesetzmäßig . . . .
¼ Onzas, Doblons, Pistolen, desgleichen . . . .
⅛ Onzas, Escudos de oro, desgleichen . . . .
Escudillos de oro, coronillas, Goldpiaster, gesetzmäßig . . . .
Quadruples von 1790, 1791, 1792, Französische Proben . . . .
Ein Quadruple vom Jahre 1793, Französische Probe . . . .
= = vom Jahre 1801, Englische Probe . . . .
Doppelte und einfache Pistolen, nach Verhältniß.
Ein Quadruple von 1812, befunden . . . .

Neueste Münzen, nach dem Gesetz vom 31. Mai 1847:

Isabellinos zu 100 Realen . . . .
Doppelte und halbe, nach Verhältniß.

Auf 1 Köln. Mark Brutto gehen:	Gewicht von 1 Stück in	Feingehalt.		Auf 1 Köln. Mark fein Gold gehen:	Werth eines Stückes in gesetzmäßigen Preuß. Friedrichsd'or à 5 Thlr. Gold.	à 5⅔ Thlr. Courant.		
Stück.	Holl. Aß.	Kar.	Grän.	Stück.	Thlr. Gold.	Thl.	Sgr.	Pf.
8,6409	562,90	22	—	9,4264	20,56418	23	9	2,2
8,6671	561,20	22	—	9,4550	20,50197	23	7	0,9
8,6671	561,20	21	9¾	9,5363	20,32719	23	1	1,4
8,6657	561,29	21	7½	9,6174	20,15577	22	25	3,6
34,564	140,72	22	—	37,7056	5,14104	5	24	9,5
34,667	140,32	21	9	38,253	5,06748	5	22	3,5
133,40	36,46	21	6	148,910	1,30177	1	14	3,1
8,6409	562,90	21	6	9,6457	20,09664	22	23	3,4
34,564	140,72	21	6	38,583	5,02413	5	20	9,8
8,6671	561,20	21	5¼	9,7031	19,97775	22	19	2,9
8,6657	561,29	21	5¼	9,7015	19,98105	22	19	4,3
133,68	36,38	21	3	150,980	1,28392	1	13	7,8
8,6409	562,90	21	—	9,8753	19,62939	22	7	4,8
17,282	281,45	21	—	19,7506	9,81470	11	3	8,4
34,564	140,72	21	—	39,501	4,90735	5	16	10,2
69,127	70,36	21	—	79,003	2,45366	2	23	5,1
133,840	36,34	20	4½	157,652	1,22958	1	11	9,7
8,6671	561,20	20	10	9,9845	19,41471	22	0	1,2
8,6671	561,20	20	6	10,1468	19,10417	21	19	6,5
8,6552	561,97	20	9	10,0108	19,36370	21	28	4,4
8,624	564,00	20	8	10,0150	19,35558	21	28	1,1
28,998	167,73	21	7,2	32,2201	6,01631	6	24	6,6

Goldmünzen.

Südamerikanische Freistaaten.

Chile.

Onzas seit 1835, im Durchschnitt nach Nordamerik. Untersuchungen .

Columbien.

Onza de oro, 8 Escudos de oro (Bogota) vom J. 1822, befunden .

¼ Onza de oro vom J. 1823 (Popayan), befunden . . . .
Onzas von 1823 bis 1837 (Bogota), im Durchschnitt nach Nordamerikanischen Untersuchungen . . . .
Onzas von 1823 bis 1836 (Popayan), im Durchschnitt nach Nordamerikanischen Untersuchungen . . . .

Ecuador (Quito).

½ Onzas von 1836, nach Nordamerik. Untersuchungen . . . .
¼ und ⅛ Onza, nach Verhältniß.

Mittel-Amerika.

Onza von 1833, nach Nordamerik. Untersuchungen . . . .

Peru.

Onzas aus der Münzstätte zu Lima, von 1826 bis 1833, nach Nordamerikanischen Untersuchungen . . . .
Onzas aus der Münzstätte zu Cuzco, von 1826 bis 1833, nach Nordamerikanischen Untersuchungen . . . .
Onza (Cuzco) von 1837, nach Nordamerik. Untersuchungen . . . . .

Toscana.

80 Fiorini, gesetzmäßig . . . .
Rusponi zu 40 Lire, 60 Paoli oder 24 Fiorini, gesetzmäßig . . . . .
Rusponi von 1746, 1754, 1760, 1798, Französische Proben . . . . .
= Englische Proben . . . .
Ruspone des Königreichs Etrurien, Englische Probe . . . .
Zecchini zu 13⅓ Lire, 20 Paoli oder 8 Fiorini, gesetzmäßig . . . .
Zecchini von verschiedenen Jahren, Französische Proben . . . .
Zecchini, Englische Proben . . . .

Türkei.

Fonduk-Zechine vom Jahre 1773, Englische Probe . . . .

Auf 1 Köln. Mark Brutto gehen	Gewicht von 1 Stück in	Feingehalt.		Auf 1 Köln. Mark fein Gold gehen.	Werth eines Stückes in gesetzmäßigen Preuß. Friedrichsd'or à 5 Thlr. Gold.	à 5⅔ Thlr. Courant.		
Stück.	Holl. Aß.	Kar.	Grän.	Stück.	Thlr. Gold	Thl.	Sgr.	Pf
8,655	561,99	20	11	9,931	19,51929	22	3	7,8
8,6425	562,80	20	8¾ G	10,0062	19,37260	21	28	8,0
		3	3¼ S	—	—	—	6	6,5
36,5715	133,00	15	¾ G	58,2716	3,32660	3	23	1,2
		8	3 S	—	—	—	3	10,8
8,660	561,66	20	10½	9,956	19,47028	22	1	11,9
8,666	561,27	20	7	10,104	19,18509	21	22	3,5
17,269	281,66	20	3	20,467	9,47115	10	22	0,2
8,655	561,99	20	—	10,386	18,66418	21	4	7,0
8,666	561,27	20	9½	10,003	19,37880	21	28	10,5
8,666	561,27	20	10¾	9,961	19,46053	22	1	7,9
8,666	561,27	20	9½	10,003	19,37880	21	28	10,5
7,1695	678,43	24	—	7,1695	27,03761	30	19	3,3
22,350	217,63	24	—	22,350	8,67321	9	24	10,7
22,462	216,54	23	11	22,540	8,60010	9	22	4,8
22,383	217,31	23	11¼	22,441	8,63804	9	23	8,3
22,383	217,31	23	11½	22,422	8,64536	9	23	11,4
67,050	72,54	24	—	67,050	2,89107	3	8	3,5
67,745	71,80	23	11½	67,915	2,85425	3	7	0,5
67,149	72,43	23	11¼	67,324	2,87930	3	7	10,7
67,149	72,43	19	4½	83,178	2,33050	2	19	2,8

Goldmünzen.

Türkei.

Fonduk-Zechine vom Jahre 1789, Englische Probe . . . .
" " desgleichen . . . .
½ Fonduk-Zechine von 1789, Französische Probe . . . .
Rebia, ¼ Fonduk, Englische Probe . . . .
Einige Rebias, befunden . . . .
Zermahbub-Zechine, Stambul, vom J. 1789, Englische Probe . . .
Zermahbub-Zechine, Stambul, vom J. 1789, Französische Probe . .
Zermahbub-Zechine von Cairo, Misri vom J. 1789, Englische Probe
Halber Misri (Cairo) vom Jahre 1818, Englische Probe . . . .
Jermibeshlek, Englische Probe . . . .
Onikilik zu 12 Piaster vom Jahre 1824, Holländische Probe . . . .
40-Piaster-Stücke aus dem Jahre 1827, Oesterreichische Proben . .
20-Piaster-Stücke aus dem Jahre 1827, Oesterreichische Proben . .
Neue dergleichen Stücke, im Jahre 1834, befunden . . . .
10-Piaster-Stücke, nach Verhältniß.
Ein Memduchieh Rubieh zu 5 Piaster vom Jahre 1834, Holländische Probe . . . .
20-Piaster-Stücke vom J. 1840, nach Nordamerik. Untersuchungen .
10-Piaster-Stücke vom J. 1840, nach Nordamerik. Untersuchungen .
5-Piaster-Stücke vom J. 1840, nach Nordamerik. Untersuchungen .

Neueste Münzen.

100-Piaster-Stücke, gesetzmäßig . . . .
100-Piaster-Stücke, aus dem J. 1845, 2 Stück befunden . . . .
50-Piaster-Stücke, gesetzmäßig . . . .
50-Piaster-Stücke, aus dem J. 1846, 2 Stück befunden . . . .

Ungarn, s. Oesterreich.

Venedig (ehemaliger Freistaat).

Scudo d'oro, Goldkrone, Französische Probe . . . .
Halber Scudo d'oro, desgleichen . . . .
Osella d'oro vom Jahre 1783, desgleichen . . . .
Zecchinen, desgleichen . . . .
Halbe Zecchinen, desgleichen . . . .
Viertel Zecchinen, nach Verhältniß.
Ducato d'oro, Goldducat, Französische Probe . . . .
Doppia oder Pistole . . . .
(Die neueren Münzen s. Lombard. Venetian. Königreich.)

Auf 1 Köln. Mark Brutto gehen:	Gewicht von 1 Stück in	Feingehalt.		Auf 1 Köln. Mark fein Gold gehen:	Werth eines Stückes in gesetzmäßigen Preuß. Friedrichsd'or à 5 Thlr. Gold.	à 5⅔ Thlr. Courant.		
Stück.	Holl. Aß.	Kar.	Grän.	Stück.	Thlr. Gold.	Thl.	Sgr.	Pf.
67,149	72,43	19	2¼	83,991	2,30794	2	18	5,6
68,100	71,42	19	3	84,904	2,28312	2	17	7,5
141,980	34,25	19	3	177,025	1,09502	1	7	2,8
288,742	16,84	19	2¼	361,162	0,53645	—	18	3,0
292,571	16,62	19	2	366,350	0,52913	—	17	11,9
100,258	48,51	19	3	124,997	1,55081	1	22	9,5
100,067	48,60	19	3	124,759	1,55376	1	22	9,9
91,956	52,89	16	4½	134,775	1,43829	1	18	10,8
197,769	24,59	16	1½	297,117	0,65242	—	22	2,2
48,939	99,39	22	10½	51,346	3,77529	4	8	4,3
144,355	33,69	19	11	173,951	1,11437	1	7	10,7
65,016	74,81	21	—	74,304	2,60882	2	28	8,4
131,282	37,05	21	—	150,037	1,29199	1	13	11,1
130,280	37,33	20	11¼	149,336	1,29804	1	14	1,6
581,007	8,37	20	—	697,209	0,27803	—	9	5
147,317	33,01	19	11½	177,150	1,09425	1	7	2,45
288,742	18,84	19	11½	347,214	0,55829	—	18	11,77
555,273	8,67	19	11½	667,718	0,29031	—	9	10,45
32,408	150,09	21	11,8	35,3810	5,47882	6	6	3,4
32,4478	149,90	21	11½	35,4647	5,46588	6	5	10,1
64,816	75,04	21	11,8	70,7620	2,73941	3	3	1,7
64,4667	75,45	21	11¾	70,3940	2,75373	3	3	7,5
5,5802	871,65	23	10	5,6192	34,49711	39	2	10,8
11,1465	436,78	23	11¼	11,1756	17,34548	19	19	9,0
16,741	290,54	23	10½	16,829	11,51858	13	1	7,6
67,745	71,80	23	11¼	67,922	2,85395	3	7	0,4
137,562	35,36	23	10¾	138,162	1,40304	1	17	8,4
107,372	45,30	23	10¾	107,840	1,79753	2	1	1,4
34,671	140,29	21	9	38,258	5,06681	5	22	3,3

Goldmünzen.

Westphalen (ehemaliges Königreich).

10 Thalerstücke, doppelte Hieronimusd'or, in einer Valvation von 6000 Stück, befunden . . . .
5 Thalerstücke, nach Verhältniß.
20 Franken-Stücke, gesetzmäßig . . . .
10 Franken-Stücke vom Jahre 1813, desgleichen . . . .
5 Franken-Stücke vom Jahre 1813, desgleichen . . . .

Württemberg.

Aeltere Münzen:

Karolinen, gesetzmäßig . . . .
Halbe, nach Verhältniß.
Karolinen, befunden . . . .

Aeltere und neuere:

Ducaten, gesetzmäßig . . . .
Zehn-Guldenstück vom Jahre 1825, befunden . . . .

Würzburg, s. Bayern.

Auf 1 Köln. Mark Brutto gehen:	Gewicht von 1 Stück in	Feingehalt.		Auf 1 Köln. Mark fein Gold gehen	Werth eines Stückes in gesetzmäßigen Preuß. Friedrichsd'or à 5 Thlr. Gold.	à 5⅔ Thlr. Courant.		
Stück.	Holl. Aß.	Kar.	Grän.	Stück.	Thlr. Gold.	Thl.	Sgr.	Pf.
17,6179	276,08	21	5¾	19,6855	9,84715	11	4	9,6
36,248	134,18	21	7,2	40,275	4,81305	5	13	7,7
72,496	67,09	21	7,2	80,550	2,40652	2	21	9,8
144,992	33,54	21	7,2	161,100	1,20326	1	10	10,9
24	202,67	18	6 G	31,135	6,22599	7	1	8 G
		3	6 S	—	—	—	2	8 S
24,453	198,91	18	6	31,723	6,11040	6	27	9,1
67	72,6	23	8	67,944	2,85303	3	7	—
35,026	138,87	21	5¼	39,213	4,94341	5	18	0,9

Silbermünzen.

Aegypten.

Nach Nordamerikanischen Untersuchungen:

20 Piasterstück (Real) vom Jahre 1839 . . . .
10 Piasterstück (Nusf) vom Jahre 1839 . . . .
5 Piasterstück (Ruba) vom Jahre 1836 . . . .
1 Piaster (Gersch) vom Jahre 1839 . . . .
½ Piaster (20 Paras) und ¼ Piaster (10 Paras), nach Verhältniß.
(Siehe auch die Türkei.)

Algier.

Von älteren Landesmünzen noch:

Buschus oder Budjuks . . . .

Neuere: Die Französischen.

Anhalt-Bernburg.

Aeltere Münzen, gesetzmäßig:

Species-Thaler im Convent.-Fuß . . . .
Halbe Species-Thaler à 16 Ggr. . . . .
Viertel Species-Thaler à 8 Ggr. . . . .
4 Ggr.-Stücke . . . .
2 Ggr.-Stücke . . . .
1 Ggr.-Stücke . . . .

Neuere Münzen, gesetzmäßig:

Vereinsmünze zu 2 Thlr. oder 3½ Fl. (1840), nach d. Convent. vom 30. Juli 1838 . . . .
Ausbeute-Thaler vom Jahre 1834. . . . .

Scheidemünze vom Jahre 1840:

Gute Groschen, $\frac{1}{24}$ Thlr. { Realwerth . . . .
Gute Groschen, $\frac{1}{24}$ Thlr. { Nominalwerth . . . .
Sechser, $\frac{1}{48}$ Thlr. { Realwerth . . . .
Sechser, $\frac{1}{48}$ Thlr. { Nominalwerth . . . .

Anhalt-Cöthen.

Vereinsmünze zu 2 Thlr. oder 3½ Fl. (1840), nach d. Convent. vom 30. Juli 1838 . . . .

Anhalt-Dessau.

Vereinsmünze zu 2 Thlr. oder 3½ Fl. (1839), nach d. Convent. vom 30. Juli 1838 . . . .

Auf 1 Köln. Mark Brutto gehen:	Feingehalt.		Auf 1 Köln. Mark fein Silber gehen:	Werth eines Stückes im $13\frac{1}{3}$ Thlr. oder 20 Fl. Fuß.	$24\frac{1}{2}$ Fl. Fuß.			14 Thlr. Fuß oder in Pr. Courant.		
Stück.	Lth.	Grän.	Stück.	Thlr.	Fl.	Kr.	Pf.	Thl.	Sgr.	Pf.
8,394	13	$5\frac{1}{2}$	10,094	1,32092	2	25	2,5	1	11	7,30
16,787	13	$4\frac{1}{4}$	20,292	0,65707	1	12	1,8	—	20	8,37
33,575	13	$9\frac{1}{2}$	39,711	0,33576	—	37	0,1	—	10	6,92
171,870	13	7	205,388	0,06492	—	7	0,6	—	2	0,54
—	—	—	28,87	0,46184	—	50	3,7	—	14	6,57
$8\frac{1}{3}$	13	6	10	1,33333	2	27	—	1	12	—
$16\frac{2}{3}$	13	6	20	0,66667	1	13	2	—	21	—
$33\frac{1}{3}$	13	6	40	0,33333	—	36	3	—	10	6
$43\frac{1}{3}$	8	12	80	0,16667	—	18	1,5	—	5	3
70	7	—	160	0,08333	—	9	0,7	—	2	7,5
$117\frac{7}{9}$	5	16	320	0,04167	—	4	2,3	—	1	3,75
6,3	14	7,2 *	7	1,90476	3	30	—	2	—	—
10,5	12	— *	14	0,95238	1	45	—	1	—	—
144	6	— *	384	0,03472	—	3	3,3	—	1	1,1
—	—	—	—	0,03968	—	4	1,5	—	1	3
288	6	— *	768	0,01736	—	1	3,6	—	—	6,6
—	—	—	—	0,01984	—	2	0,7	—	—	7,5
6,3	14	7,2 *	7	1,90476	3	30	—	2	—	—
6,3	14	7,2 *	7	1,90476	3	30	—	2	—	—

Silbermünzen.

Baden.

Von 1819 bis 1827, gesetzmäßig:

2 Guldenstücke . . . .
1 Guldenstücke . . . .

Scheidemünze:

6 Kreuzerstücke {Realwerth . . . .
{Nominalwerth . . . .
3 Kreuzerstücke {Realwerth . . . .
{Nominalwerth . . . .

Vom Jahre 1828 an, gesetzmäßig:

1 Thalerstücke à 100 Kreuzer . . . .
$\frac{1}{2}$ dergleichen à 50 Kreuzer . . . .
$\frac{1}{4}$ dergleichen à 25 Kreuzer . . . .
$\frac{1}{10}$ dergleichen à 10 Kreuzer . . . .
$\frac{1}{20}$ dergleichen à 5 Kreuzer . . . .
$\frac{3}{100}$ dergleichen à 3 Kreuzer . . . .

Von 1831 bis 1837 und vor 1819:

Kronenthaler à 2 Fl. 42 Kreuzer, gesetzmäßig . . . .

Nach der Convention vom 25. August 1837:

Ein-Guldenstücke, gesetzmäßig . . . .
Halbe Guldenstücke, desgleichen . . . .

Scheidemünze, gesetzmäßig:

6 Kreuzerstücke {Realwerth . . . .
{Nominalwerth . . . .
3 Kreuzerstücke {Realwerth . . . .
{Nominalwerth . . . .

Nach der Convention vom 30. Juli 1838:

Vereinsmünzen à 3$\frac{1}{2}$ Gulden oder 2 Thaler . . . .

Nach der Convention vom 27. März 1845:

Zweiguldenstücke . . . .

Bayern.

Aeltere Münzen:

Conv. Speciesthaler, auch Geschichtsthaler, gesetzmäßig . . . .
Halbe Conv. Speciesthaler, desgleichen . . . .
Kopfstücke à 24 Kreuzer {gesetzmäßig . . . .
{Umlaufswerth . . . .
Halbe Kopfstücke à 12 Kreuzer {gesetzmäßig . . . .
{Umlaufswerth . . . .

Auf 1 Köln. Mark Brutto gehen	Feingehalt.		Auf 1 Köln. Mark fein Silber gehen:	Werth eines Stückes im 13⅓ Thlr. oder 20 Fl. Fuß.	24½ Fl. Fuß.			14 Thlr. Fuß oder in Pr. Courant.		
Stück	Lth.	Grän.	Stück.	Thlr.	Fl.	Kr.	Pf.	Thl.	Sgr.	Pf.
$9\frac{3}{16}$	12	—	12,25	1,08844	2	—	—	1	4	3,4
$18\frac{3}{8}$	12	—	24,50	0,54422	1	—	—	—	17	$1\frac{5}{7}$
105	6	—	280	0,04762	—	5	0,4	—	1	6
—	—	—	—	0,05442	—	6	—	—	1	$8\frac{4}{7}$
$187\frac{1}{2}$	5	—	600	0,02222	—	2	1,8	—	—	8,4
—	—	—	—	0,02721	—	3	—	—	—	$10\frac{2}{7}$
$12\frac{39}{44}$	14	—	14,7273	0,90535	1	39	3,3	—	28	6,2
$25\frac{34}{44}$	14	—	29,4545	0,45267	—	49	3,6	—	14	3
$51\frac{24}{44}$	14	—	58,909	0,22634	—	24	3,8	—	7	1,5
84	8	—	168	0,07936	—	8	3	—	2	6
126	6	—	336	0,03968	—	4	1,5	—	1	3
210	6	—	560	0,02381	—	2	2,5	—	—	9
$7\frac{731}{792}$	13	17	$9\frac{1}{11}$	1,46667	2	41	2,8	1	16	2,4
22,05	14	7,2 *	24,5	0,54422	1	—	—	—	17	$1\frac{5}{7}$
44,10	14	7,2 *	49	0,27211	—	30	—	—	8	$6\frac{6}{7}$
90	5	6 *	270	0,04938	—	5	1,8	—	1	$6\frac{2}{3}$
—	—	—	—	0,05442	—	6	—	—	1	$8\frac{4}{7}$
180	5	6 *	540	0,02469	—	2	2,9	—	—	$9\frac{1}{3}$
—	—	—	—	0,02721	—	3	—	—	—	$10\frac{2}{7}$
6,3	14	7,2 *	7	1,90476	3	30	—	2	—	—
11,025	14	7,2 *	12,25	1,08844	2	—	—	1	4	$3\frac{3}{7}$
$8\frac{1}{3}$	13	6	10	1,33333	2	27	—	1	12	—
$16\frac{2}{3}$	13	6	20	0,66667	1	13	2	—	21	—
35	9	6	60	0,22222	—	24	2	—	7	—
—	—	—	61,25	0,21769	—	24	—	—	6	10,3
60	8	—	120	0,11111	—	12	1	—	3	6
—	—	—	122,5	0,10884	—	12	—	—	3	5,1

Silbermünzen.

Bayern.

Scheidemünze, gesetzmäßig:

6 Kreuzerstücke { Realwerth . . . .
{ Nominalwerth . . . .

1 Kreuzerstücke { Realwerth . . . .
{ Nominalwerth . . . .

Kronenthaler à 2 Gulden 42 Kreuzer, gesetzmäßig . . . .

Nach der Convention vom 25. August 1837:

Ein-Guldenstücke, gesetzmäßig . . . .

Halbe Guldenstücke, desgleichen . . . .

Scheidemünze, gesetzmäßig:

6 Kreuzerstücke { Realwerth . . . .
{ Nominalwerth . . . .

3 Kreuzerstücke { Realwerth . . . .
{ Nominalwerth . . . .

Seit 1839: Kreuzer { Realwerth . . . .
{ Nominalwerth . . . .

Nach der Convention vom 30. Juli 1838:

Vereinsmünzen à 3½ Gulden oder 2 Thaler . . . .

Hiernach auch Geschichtsthaler zu 3½ Gulden.

Nach der Convention vom 27. März 1845:

Zwei-Guldenstücke . . . .

Belgien.

Nach dem Gesetz vom 5. Juni 1832:

5 Franken-Stücke . . . .

2 Franken-Stücke . . . .

1 Frank-Stücke . . . .

½ Frank-Stücke, 50 Centimen . . . .

¼ Frank-Stücke, 25 Centimen . . . .

Nach dem Gesetz vom 31. März 1847:

2½ Franken-Stücke . . . .

(S. auch Niederlande.)

Bolivia, s. Südamerikanische Freistaaten.

Brasilien.

Piaster, neue Doppel-Crusaden (umgeprägte Spanische oder Amerikanische Piaster) à 960 Reïs . . . .

Doppel-Patacas à 640 Reïs, alte, Französische Proben . . . .

Auf 1 Köln. Mark Brutto gehen:	Feingehalt.		Auf 1 Köln. Mark fein Silber gehen:	Werth eines Stückes im 13⅓ Thlr. oder 20 Fl. Fuß.	24½ Fl. Fuß.			14 Thlr. Fuß oder in Pr. Courant.		
Stück.	Lth.	Grän.	Stück.	Thlr.	Fl.	Kr.	Pf.	Thl.	Sgr.	Pf.
$86\frac{2}{3}$	5	6	260	0,05128	—	5	2,6	—	1	7,4
—	—	—	—	0,05442	—	6	—	—	1	$8\frac{4}{7}$
$303\frac{3}{4}$	3	—	1620	0,00823	—	—	3,6	—	—	3,1
—	—	—	—	0,00907	—	1	—	—	—	$3\frac{3}{7}$
$7\frac{11}{12}$	13	17	$9\frac{21}{251}$	1,46784	2	41	3,3	1	16	2,8
22,05	14	7,2 *	24,5	0,54422	1	—	—	—	17	$1\frac{5}{7}$
44,10	10	7,2 *	49	0,27211	—	30	—	—	8	$6\frac{6}{7}$
90	5	6 *	270	0,04938	—	5	1,8	—	1	$6\frac{2}{3}$
—	—	—	—	0,05442	—	6	—	—	1	$8\frac{4}{7}$
180	5	6 *	540	0,02469	—	2	2,9	—	—	$9\frac{1}{3}$
—	—	—	—	0,02721	—	3	—	—	—	$10\frac{2}{7}$
280	2	12 *	1680	0,00794	—	—	3,5	—	—	3
—	—	—	—	0,00907	—	1	—	—	—	$3\frac{3}{7}$
6,3	14	7,2 *	7	1,90476	3	30	—	2	—	—
11,025	14	7,2 *	12,25	1,08844	2	—	—	1	4	$3\frac{3}{7}$
9,354	14	7,2 *	10,394	1,28284	2	21	1,7	1	10	4,91
23,386	14	7,2 *	25,984	0,51314	—	56	2,3	—	16	1,97
46,771	14	7,2 *	51,968	0,25657	—	28	1,1	—	8	0,98
93,542	14	7,2 *	103,936	0,12828	—	14	0,6	—	4	0,49
187,084	14	7,2 *	207,871	0,06414	—	7	0,3	—	2	0,24
18,708	14	7,2 *	20,787	0,64142	1	10	2,9	—	20	2,46
$8\frac{2}{3}$	14	6	9,674	1,37821	2	31	3,8	1	13	4,96
12,328	14	12	13,449	0,99139	1	49	1,2	1	1	2,7

Silbermünzen.

Brasilien.

Doppel-Patacas à 600 Reïs vom Jahre 1755, Französische Probe .
Dergleichen à 640 Reïs vom Jahre 1768, Französische Probe . . . .
Dergleichen à 640 Reïs vom Jahre 1801, Französische Probe . . . .
Neue Crusaden à 480 Reïs, Französische Proben . . . .
Dergleichen à 480 Reïs, Französische Proben . . . .
Patacas à 320 Reïs, Französische Probe . . . .
Halbe Crusaden à 240 Reïs, desgleichen . . . .
160 und 80 Reïs-Stücke, nach Verhältniß.
80 Reïs-Stück vom Jahre 1816, befunden . . . .

Neuere Münzen:

1200 Reïs-Stück vom Jahre 1834, befunden . . . .
1200 Reïs-Stücke vom Jahre 1837, nach Nordamerikan. Unters. . .
800 Reïs-Stücke vom Jahre 1838, nach Nordamerikan. Unters. . .
400 Reïs-Stück vom Jahre 1834, befunden . . . .
400 Reïs-Stücke vom Jahre 1837, nach Nordamerikan. Unters. . .
200 Reïs-Stücke vom Jahre 1837, desgleichen . . . .
100 Reïs-Stück vom Jahre 1834, befunden . . . .
100 Reïs-Stücke vom Jahre 1837, nach Nordamerikan. Unters. . .

Braunschweig.

Aeltere Münzen:

Convent.-Speciesthaler, gesetzmäßig . . . .
$\frac{2}{3}$ Stücke nach dem Leipziger Fuß, gesetzmäßig . . . .
$\frac{1}{2}$ Speciesthaler, Gulden, gesetzmäßig . . . .
$\frac{1}{4}$ Speciesthaler à 8 Ggr., 12 Mariengroschen, gesetzmäßig . . . . . .
4 Ggroschen-Stücke, 6 Mariengroschen, gesetzmäßig . . . .
Dergleichen von 1764 bis 1804, befunden . . . .
Dergleichen vom Jahre 1814, befunden . . . .
2 Ggroschen-Stücke, 3 Mariengroschen, gesetzmäßig . . . .
Dergleichen von den Jahren 1764 bis 1806 und 1816 bis 1830, im Durchschnitt befunden . . . .
1 Ggroschen-Stücke, gesetzmäßig . . . .

Nach dem Münzgesetz vom 18. Dezember 1834:

Thalerstücke . . . .
$\frac{1}{6}$ Thalerstücke oder 4 Ggroschenstücke . . . .
Feine Gulden . . . .
Gulden . . . .

Auf 1 Köln. Mark Brutto gehen:	Feingehalt.		Auf 1 Köln. Mark fein Silber gehen:	Werth eines Stückes im 13⅓ Thlr. oder 20 Fl. Fuß.	24½ Fl. Fuß.			14 Thlr. Fuß oder in Pr. Courant.		
Stück.	Lth.	Grän.	Stück	Thlr.	Fl.	Kr	Pf	Thl.	Sgr.	Pf
13,302	14	10	14,622	0,91187	1	40	2,1	—	28	8,7
13,182	14	9	14,546	0,91663	1	41	0,2	—	28	10,5
12,333	14	6	13,767	0,96850	1	46	3,1	1	—	6,1
16,127	14	6	18,002	0,74066	1	21	2,6	—	23	4
15,952	14	5½	17,841	0,74734	1	22	1,6	—	23	6,5
24,646	14	6	27,534	0,48425	—	53	1,5	—	15	3
32,376	14	6	36,141	0,36893	—	40	2,7	—	11	7,5
90	14	10½	98,743	0,13503	—	14	3,5	—	4	3
8,743	14	5 *	9,797	1,36096	2	30	0,2	1	12	10,4
8,718	14	4,5 *	9,789	1,36208	2	30	0,7	1	12	10,9
13,077	14	4,5 *	14,683	0,90806	1	40	0,5	—	28	7,2
26,186	14	5 *	29,344	0,45438	—	50	0,4	—	14	3,7
26,154	14	3 *	29,539	0,45138	—	49	3,1	—	14	2,6
52,308	14	3 *	59,077	0,22569	—	24	3,6	—	7	1,3
105,605	14	5 *	118,343	0,11266	—	12	1,7	—	3	6,6
104,616	14	3 *	118,155	0,11284	—	12	1,8	—	3	6,6
8⅓	13	6	10	1,33333	2	27	—	1	12	—
13½	12	—	18	0,74074	1	21	2,7	—	23	4
16⅔	13	6	20	0,66667	1	13	2	—	21	—
33⅓	13	6	40	0,33333	—	36	3	—	10	6
45	9	—	80	0,16667	—	18	1,5	—	5	3
45,88	8	17	82,07	0,16246	—	17	3,6	—	5	1,4
40,82	8	—	81,64	0,16332	—	18	—	—	5	1,7
70	7	—	160	0,08333	—	9	0,75	—	2	7,5
74,63	6	16	173,33	0,07692	—	8	1,9	—	2	5,1
120	6	—	320	0,04166	—	4	2,4	—	1	3,7
10½	12	— *	14	0,95238	1	45	—	1	—	—
43¾	8	6 *	84	0,15873	—	17	2	—	5	—
17⅞	15	16 *	18	0,74074	1	21	2,7	—	23	4
13½	12	— *	18	0,74074	1	21	2,7	—	23	4

Silbermünzen.

Braunschweig.

Scheidemünze:

1 Gutegroschen { Realwerth . . . .
Nominalwerth . . . .

6 Pfennigstücke { Realwerth . . . .
Nominalwerth . . . .

Bremen.

Nach der Verordnung vom Juli 1840:

36 Grotestücke oder halbe Gold-Thaler . . . .
12 Grotestücke oder $\frac{1}{6}$ Gold-Thaler . . . .
6 Grotestücke oder $\frac{1}{12}$ Gold-Thaler . . . .
1 Grotestücke oder $\frac{1}{72}$ Gold-Thaler . . . .

Chile,
Columbien, } s. Südamerikanische Freistaaten.

Dänemark.

Von den älteren Münzen kursiren noch:

$\frac{2}{3}$ Speciesthaler oder 40 Schillinge Courant . . . .
$\frac{1}{2}$ Speciesthaler oder 30 Schillinge Courant . . . .
$\frac{1}{3}$ Speciesthaler oder 20 Schillinge Courant . . . .
5 Stücke einen Thaler Species oder 4 Stücke einen Thaler Courant .
24 Schillinge Dänisch Courant . . . .
16 Schillinge Dänisch Courant, reducirt auf 15 Schillinge Courant .
12 Schillinge Dänisch Courant, reducirt auf 10 Schillinge . . . . . .
$\frac{1}{6}$ Thaler oder 1 Markstücke . . . .
8 Schillinge Dänisch Courant von verschiedenem Gehalt . . . .
2 Schillinge Dänisch Courant . . . .

Neuere Münzen seit 1813:

Ein Reichsthaler-Species, gesetzmäßig . . . .
$\frac{1}{2}$ Species oder 1 Reichsbank-Thaler, gesetzmäßig . . . .
$\frac{1}{6}$ Species oder 32 Reichsbank-Schillinge, gesetzmäßig . . . .
$\frac{1}{12}$ Species oder 16 Reichsbank-Schillinge, gesetzmäßig . . . .
$\frac{1}{24}$ Species oder 8 Reichsbank-Schillinge, gesetzmäßig . . . .

Scheidemünzen:

4 Reichsbank-Schillinge { Realwerth . . . .
Nominalwerth . . . .

3 Reichsbank-Schillinge { Realwerth . . . .
Nominalwerth . . . .

Auf 1 Köln. Mark Brutto gehen:	Feingehalt.		Auf 1 Köln. Mark fein Silber gehen:	Werth eines Stückes im 13⅓ Thlr. oder 20 Fl. Fuß.	24½ Fl. Fuß.			14 Thlr. Fuß oder in Pr. Courant.		
Stück.	Lth.	Grän.	Stück.	Thlr	Fl.	Kr.	Pf	Thl.	Sgr	Pf.
120	5	— *	384	0,03472	—	3	3,3	—	1	1,13
—	—	—	—	0,03968	—	4	1,5	—	1	3
168	3	9 *	768	0,01736	—	1	3,6	—	—	6,56
—	—	—	—	0,01984	—	2	0,75	—	—	7,5
$26\frac{2}{3}$	15	14	$27\frac{3}{71}$	0,49306	—	54	1,44	—	15	6,37
60	11	15	$81\frac{9}{71}$	0,16435	—	18	0,48	—	5	2,12
120	11	15	$162\frac{18}{71}$	0,08218	—	9	0,24	—	2	7,06
$303\frac{3}{4}$	4	9	1080	0,01233	—	1	1,44	—	—	4,67
$12\frac{9}{64}$	14	—	13,875	0,96096	1	45	3,8	1	—	3,3
$16\frac{3}{16}$	14	—	18,5	0,72072	1	19	1,8	—	22	8,4
$24\frac{9}{32}$	14	—	27,750	0,48048	—	52	3,9	—	15	1,6
$31\frac{51}{64}$	11	—	46,250	0,28829	—	31	3,1	—	9	1
$25\frac{1}{2}$	9	—	45,333	0,29412	—	32	1,7	—	9	3,2
45	10	—	72	0,18518	—	20	1,7	—	5	10
60	9	—	106,667	0,12500	—	13	3,1	—	3	11,25
$46\frac{5}{16}$	6	9	114	0,11696	—	12	3,5	—	3	8,2
—	—	—	136	0,09804	—	10	3,2	—	3	1
156	4	—	624	0,06006	—	2	1,4	—	—	8
$8\frac{3}{32}$	14	— *	9,25	1,44144	2	38	3,68	1	15	4,86
$16\frac{3}{16}$	14	— *	18,50	0,72072	1	19	1,84	—	22	8,43
$38\frac{5}{32}$	11	— *	55,50	0,24024	—	26	1,95	—	7	6,81
$55\frac{1}{2}$	8	— *	111	0,12012	—	13	0,97	—	3	9,40
$83\frac{1}{4}$	6	— *	222	0,06006	—	6	2,49	—	1	10,70
126	4	— *	504	0,02645	—	2	3,7	—	—	10,00
—	—	—	—	0,03003	—	3	1,2	—	—	11,35
147	3	9 *	672	0,01984	—	2	0,7	—	—	7,50
—	—	—	—	0,02252	—	2	1,9	—	—	8,51

Silbermünzen.

Dänemark.

Für Lauenburg:

⅔ Thaler nach dem Leipziger Fuß seit 1830, gesetzmäßig . . . .

England, s. Großbrittannien.

Etrurien, s. Toskana.

Frankfurt a. M.

Aeltere Münzen:

Conventions-Speciesthaler, gesetzmäßig . . . .
½ Conventions-Speciesthaler, Gulden, gesetzmäßig . . . .
¼ Conventions-Speciesthaler, 30 Kreuzer im 20 Fl.Fuß oder 36 Kreuzer im 24 Fl.Fuß, gesetzmäßig . . . .
Kopfstücke zu resp. 20 Kreuzer und 24 Kreuzer { gesetzmäßig . . . . . / Umlaufswerth . . . .
½ Kopfstücke zu resp. 10 Kreuzer und 12 Kreuzer { gesetzmäßig . . . . / Umlaufswerth . . .

Nach der Convention vom 25. August 1837:

Ein-Guldenstücke zu 60 Kreuzer, gesetzmäßig . . . .
Halbe Guldenstücke, gesetzmäßig . . . .

Scheidemünze:

6 Kreuzerstücke { Realwerth . . . . / Nominalwerth . . . .
3 Kreuzerstücke { Realwerth . . . . / Nominalwerth . . . .

Nach der Convention vom 30. Juli 1838:

Vereinsmünzen à 3½ Fl. oder 2 Thaler . . . .

Nach der Convention vom 27. März 1845:

Zwei-Guldenstücke . . . .

Frankreich.

Alte Ecus, Louisblancs, von 1641 bis 1709 . . . .
Dergleichen mit 8 L (1690) . . . .
Alte ¼ Ecus oder Louisblancs, im Durchschnitt befunden . . . . . .
Alte Ecus de Flandre, caramboles, von 1686 bis 1705, Franz. Probe
Alte Ecus, Kronenthaler, von 1709 bis 1718 . . . .
Dergleichen, Navarrathaler, von 1718 bis 1724 . . . .
Dergleichen, Bidetneuf oder JL Thaler, von 1724 bis 1726 . . . .
Laubthaler oder 6 Livres-Thaler seit 1726, gesetzmäßig . . . . . .

Auf 1 Köln. Mark Brutto gehen:	Feingehalt.		Auf 1 Köln. Mark fein Silber gehen:	Werth eines Stückes im 13⅓ Thlr. oder 20 Fl. Fuß.	24½ Fl. Fuß.			14 Thlr. Fuß oder in Pr. Courant.		
Stück.	Lth.	Grän.	Stück.	Thlr.	Fl.	Kr.	Pf.	Thl.	Sgr	Pf
$13\frac{1}{2}$	12	— *	18	0,74074	1	21	2,6	—	23	4
$8\frac{1}{3}$	13	6	10	1,33333	2	27	—	1	12	—
$16\frac{2}{3}$	13	6	20	0,66667	1	13	2	—	21	—
$33\frac{1}{3}$	13	6	40	0,33333	—	24	2	—	10	6
35	9	6	60	0,22222	—	24	2	—	7	—
—	—	—	61,25	0,21769	—	24	—	—	6	10,3
60	8	—	120	0,11111	—	12	1	—	3	6
—	—	—	122,5	0,10884	—	12	—	—	3	5,1
22,05	14	7,2 *	24,5	0,54422	1	—	—	—	17	$1\frac{5}{7}$
44,10	14	7,2 *	49	0,27211	—	30	—	—	8	$6\frac{6}{7}$
90	5	6 *	270	0,04938	—	5	1,8	—	1	$6\frac{2}{3}$
—	—	—	—	0,05442	—	6	—	—	1	$8\frac{4}{7}$
180	5	6 *	540	0,02469	—	2	2,9	—	—	$9\frac{1}{3}$
—	—	—	—	0,02721	—	3	—	—	—	$10\frac{2}{7}$
6,3	14	7,2 *	7	1,90476	3	30	—	2	—	—
11,025	14	7,2 *	12,25	1,08844	2	—	—	1	4	$3\frac{3}{7}$
9	14	11	9,855	1,35295	2	29	0,7	1	12	7,42
9	14	10	9,893	1,34775	2	28	2,4	1	12	5,45
38,709	14	12	42,228	0,31575	—	34	3,2	—	9	11,35
6,272	13	13	7,313	1,82324	3	21	—	1	27	5,18
7,7	14	9	8,497	1,56918	2	53	—	1	19	5,15
9,593	14	10	10,545	1,26442	2	19	1,6	1	9	9,95
9,967	14	9	10,998	1,21234	2	13	2,6	1	8	2,26
7,930	14	12	8,651	1,54125	2	49	3,7	1	18	6,59

Silbermünzen.

Frankreich.

Laubthaler mit Benutzung des ganzen Remediums . . . .
Dergleichen ältere, nach mehreren Proben . . . .
Dergleichen neuere, im Durchschnitt nach mehreren Proben . . . . . .
Dergleichen einzelne Stücke seit 1784, nach mehreren Proben . . . . .
Königl. $\frac{1}{2}$, $\frac{1}{5}$, $\frac{1}{10}$, $\frac{1}{20}$ Thaler, nach Verhältniß.
Republ. 30 Sols-Stücke seit 1791 . . . .
Dergleichen, 15 Sols-Stücke, seit 1791 . . . .

Neuere Münzen seit 1795:

5 Frankenstücke, gesetzmäßig . . . .
Dergleichen vor 1830, befunden . . . .
Dergleichen von 1830 und 1831, befunden . . . .
2 Franken-Stücke, gesetzmäßig . . . .
Dergleichen, Kaiserliche, befunden . . . .
1 Frank-Stücke, gesetzmäßig . . . .
Dergleichen, Kaiserliche, befunden . . . .
$\frac{1}{2}$ Frank-Stücke (50 Centimen), gesetzmäßig . . . .
$\frac{1}{4}$ Frank-Stücke (25 Centimen), gesetzmäßig . . . .
10 Centimen-Stücke (Billon), gesetzmäßig . . . .

Georgien (Tiflis).

Nach dem Ukas vom 21. October 1802:

Doppelte Abazes oder 40 Karthuli-Thetri . . . .
Abazes oder 20 Karthuli-Thetri . . . .
Halbe Abazes oder 10 Karthuli-Thetri . . . .

Griechenland.

Nach dem Münzgesetz vom 8. (20.) Februar 1833:

5 Drachmen-Stücke . . . .
1 Drachma- oder 100 Lepta-Stücke . . . .
Halbe Drachma- oder 50 Lepta-Stücke . . . .
Viertel-Drachma- oder 25 Lepta-Stücke . . . .
Früher (1828): Phönix zu 100 Lepta, gesetzmäßig . . . .

Großbrittannien und Irland.

Aeltere Münzen:

Kronen, à 5 Schillinge Sterling, gesetzmäßig . . . .
Dergleichen, nach Französischen Proben . . . .
Dergleichen, nach gewöhnlicher Annahme . . . .

Auf 1 Köln. Mark Brutto gehen:	Feingehalt.		Auf 1 Köln. Mark fein Silber gehen:	Werth eines Stückes im 13⅓ Thlr. oder 20Fl.Fuß.	24½ Fl.Fuß			14 Thlr.Fuß oder in Pr. Courant.		
Stück.	Lth.	Grän.	Stück.	Thlr.	Fl.	Kr.	Pf.	Thl.	Sgr.	Pf.
7,991	14	9	8,818	1,51206	2	46	2,8	1	17	7,56
8,1	14	9	8,938	1,49176	2	44	1,9	1	16	11,75
8,06	14	7	8,962	1,48776	2	44	0,1	1	16	10,37
8	14	6	8,930	1,49309	2	44	2,4	1	17	0,39
23,057	10	10	34,950	0,38150	—	42	0,2	—	12	0,21
46,114	10	10	69,900	0,19075	—	21	0,1	—	6	0,10
9,354	14	7,2 *	10,394	1,28284	2	21	1,7	1	10	4,91
9,375	14	6½	10,445	1,27653	2	20	2,9	1	10	2,53
9,365	14	6	10,454	1,27543	2	20	2,5	1	10	2,11
23,386	14	7,2 *	25,984	0,51314	—	56	2,3	—	16	1,97
23,572	14	7	26,211	0,50869	—	56	0,3	—	16	0,29
46,771	14	7,2 *	51,968	0,25657	—	28	1,1	—	8	0,98
47,407	14	6½	52,817	0,25244	—	27	3,3	—	7	11,42
93,542	14	7,2 *	103,936	0,12828	—	14	0,6	—	4	0,49
187,084	14	7,2 *	207,871	0,06414	—	7	0,2	—	2	0,24
116,928	3	3,6	584,639	0,02281	—	2	2	—	—	8,62
37,325	14	12	40,718	0,32745	—	36	0,4	—	10	3,78
74,650	14	12	81,436	0,16372	—	18	0,2	—	5	1,89
149,300	14	12	162,872	0,08186	—	9	0,1	—	2	6,94
10,447	14	7,2 *	11,6078	1,14865	2	6	2,5	1	6	2,2
52,235	14	7,2 *	58,039	0,22973	—	25	1,3	—	7	2,8
104,470	14	7,2 *	116,078	0,11486	—	12	2,6	—	3	7,4
208,940	14	7,2 *	232,156	0,05743	—	6	1,3	—	1	9,7
52,242	14	7,2	58,046	0,22970	—	25	1,3	—	7	2,8
7,779	14	14,4	8,400	1,58730	2	55	—	1	20	—
7,795	14	13	8,475	1,57325	2	53	1,8	1	19	6,69
7,8	14	12	8,509	1,56696	2	52	3,0	1	19	4,31

Silbermünzen.

Großbrittannien und Irland.

Halbe Kronen à $2\frac{1}{2}$ Schillinge Sterling, gesetzmäßig . . . .
Schillinge à 12 Pence Sterling, gesetzmäßig . . . .
Dergleichen, nach gewöhnlicher Annahme . . . .
$\frac{1}{2}$, $\frac{1}{3}$, $\frac{1}{4}$, $\frac{1}{8}$, $\frac{1}{12}$, nach Verhältniß.
Bankthaler vom Jahre 1801 zu 5 Schillingen, befunden . . . .
3 Schillingstücke, Bank token von 1812 und 1813, befunden . . . . .
$1\frac{1}{2}$ Schillingstücke, Bank token, nach Verhältniß.

Neuere Münzen seit dem 22. Juni 1816:

Kronen, à 5 Schillinge Sterling, gesetzmäßig . . . .
Halbe Kronen, à 2 Schillinge 6 Pence Sterling, gesetzmäßig . . . .
Schillinge à 12 Pence Sterling, gesetzmäßig . . . .
Halbe Schillinge à 6 Pence Sterling, gesetzmäßig . . . .
Groats à 4 Pence Sterling, gesetzmäßig . . . .
3 Pence Sterling, desgleichen . . . .
2 Pence Sterling, desgleichen . . . .
1 Penny Sterling, desgleichen . . . .

Hamburg.

Doppelte Markstücke à 32 Schillinge Lüb. Courant, gesetzmäßig . . .
Markstücke à 16 Schillinge Lüb. Courant, gesetzmäßig . . . .
Halbe Markstücke à 8 Schillinge Lüb. Courant, gesetzmäßig . . . . .
$\frac{1}{4}$ Markstücke à 4 Schillinge Lüb. Courant, gesetzmäßig . . . .
$\frac{1}{8}$ Markstücke à 2 Schillinge Lüb. Courant, desgleichen . . . .

Scheidemünze (1840):

Ein-Schillingstücke { Realwerth . . . .
Nominalwerth . . . .
$\frac{1}{2}$ Schillingstücke { Realwerth . . . .
Nominalwerth . . . .
$\frac{1}{4}$ Schillingstücke { Realwerth . . . .
Nominalwerth . . . .

Hannover.

Nach dem Reichsfuß vom Jahre 1738:

Alte Kur-Hannövrische Speciesthaler, gesetzmäßig . . . .
Feine $\frac{2}{3}$ Stücke oder Gulden, gesetzmäßig . . . .
Feine $\frac{2}{3}$ Stücke oder Gulden, befunden . . . .
$\frac{2}{3}$ Stücke oder Gulden, gesetzmäßig . . . .

Auf 1 Köln. Mark Brutto gehen:	Feingehalt.		Auf 1 Köln. Mark fein Silber gehen:	Werth eines Stückes im 13⅓ Thlr. oder 20 Fl. Fuß.	24½ Fl. Fuß.			14 Thlr. Fuß oder in Pr. Courant.		
Stück.	Lth.	Grän.	Stück.	Thlr.	Fl.	Kr	Pf.	Thl.	Sgr.	Pf.
15,540	14	14,4	16,800	0,79365	1	27	2	—	25	—
38,850	14	14,4	42,000	0,31746	—	35	—	—	10	—
39	14	12	42,545	0,31339	—	34	2,2	—	9	10,46
8,70	14	6	9,712	1,37287	2	31	1,4	1	13	2,95
15,947	14	5½	17,836	0,74755	1	22	1,7	—	23	6,57
8,271	14	14,4 *	8,942	1,49111	2	44	1,6	1	16	11,64
16,542	14	14,4 *	17,884	0,74555	1	22	0,8	—	23	5,82
41,356	14	14,4 *	44,710	0,29822	—	32	3,5	—	9	4,73
82,713	14	14,4 *	89,419	0,14911	—	16	1,8	—	4	8,36
124,069	14	14,4 *	134,129	0,09941	—	10	3,8	—	3	1,57
165,425	14	14,4 *	178,839	0,07455	—	8	0,8	—	2	4,18
248,138	14	14,4 *	268,259	0,04970	—	5	1,9	—	1	6,78
496,276	14	14,4 *	536,517	0,02485	—	2	2,9	—	—	9,39
12,75	12	—	17	0,78431	1	26	1,9	—	24	8,47
25,50	12	—	34	0,39216	—	43	0,9	—	12	4,23
42,5	10	—	68	0,19608	—	21	2,5	—	6	2,12
76,5	9	—	136	0,09804	—	10	3,2	—	3	1,06
119	7	—	272	0,04902	—	5	1,6	—	1	6,53
216	6	—	576	0,02315	—	2	2,2	—	—	8,75
—	—	—	—	0,02451	—	2	2,8	—	—	9,26
304	4	—	1216	0,01096	—	1	0,8	—	—	4,14
—	—	—	—	0,01225	—	1	1,4	—	—	4,63
456	3	—	2432	0,00548	—	—	2,4	—	—	2,07
—	—	—	—	0,00613	—	—	2,7	—	—	2,32
8	14	4	9	1,48148	2	43	1,3	1	16	8
17⅞	15	16	18	0,74074	1	21	2,7	—	23	4
17,868	15	16	17,992	0,74107	1	21	2,8	—	23	4,12
13,5	12	—	18	0,74074	1	21	2,7	—	23	4

Silbermünzen.

Hannover.

Nach dem Conventions-Fuß seit 1816:

Feine $\frac{2}{3}$ Stücke oder Gulden zu 16 Ggroschen, gesetzmäßig ......
Dergleichen, befunden ....
$\frac{1}{6}$ Thalerstücke, 4 Ggroschen oder 6 Mariengroschen, gesetzmäßig ...
$\frac{1}{12}$ Thalerstücke, 2 Ggroschen oder 3 Mariengroschen, gesetzmäßig ..

Scheidemünze:

$\frac{1}{24}$ Thalerstücke oder 1 Ggroschen, gesetzmäßig { Realwerth ...... / Nominalwerth ....

Nach dem Münzgesetz vom 8. April 1834:

Thalerstücke ....
Thalerstücke aus feinem Silber (bis 1842) ....
$\frac{1}{6}$ Thaler- oder 4 Ggroschen-Stücke ....
$\frac{1}{12}$ Thaler- oder 2 Ggroschen-Stücke ....

Scheidemünze:

$\frac{1}{24}$ Thaler- oder 1 Ggroschen-Stücke { Realwerth .... / Nominalwerth ....
$\frac{1}{48}$ Thaler- oder 6 Pfennig-Stücke { Realwerth .... / Nominalwerth ....
$\frac{1}{72}$ Thaler- oder 4 Pfennig-Stücke { Realwerth .... / Nominalwerth ....

Hessen (Cassel) Kurfürstenthum.

Aeltere Münzen:

Landgräfl. Thaler von den Jahren 1776 und 1778, befunden .....
Halbe, nach Verhältniß.
Landgräfl. Thaler vom Jahre 1789, befunden ....
" halbe Thaler vom Jahre 1789, desgleichen ....
" $\frac{1}{4}$ Thaler von 1768 bis 1771, desgleichen ....
" $\frac{1}{8}$ Thaler von 1766 bis 1769, desgleichen ....
Conventions-Speciesthaler, gesetzmäßig ....
" Gulden, gesetzmäßig ....
" halbe Gulden, desgleichen ....
$\frac{1}{6}$ Thalerstücke, Landgräfl., desgleichen ....
$\frac{1}{12}$ Thalerstücke, Landgräfl., desgleichen ....

Neuere Münzen seit 1819:

Thaler, gesetzmäßig ....
Halbe Thaler, desgleichen ....
$\frac{1}{3}$ Thalerstücke von 1822 bis 1828, befunden ....
$\frac{1}{6}$ Thalerstücke von 1823 bis 1831, befunden ....

Auf 1 Köln. Mark Brutto gehen:	Feingehalt.		Auf 1 Köln. Mark fein Silber gehen:	Werth eines Stückes im 13⅓ Thlr. oder 20 Fl. Fuß.	24½ Fl. Fuß.			14 Thlr. Fuß oder in Pr. Courant.		
Stück.	Lth.	Grän.	Stück.	Thlr.	Fl.	Kr.	Pf.	Thl.	Sgr.	Pf.
19,861	15	16	20	0,66667	1	13	2	—	21	—
19,9	15	16	20,039	0,66537	1	13	1,4	—	20	11,51
40	8	—	80	0,16667	—	18	1,5	—	5	3
$72\frac{3}{16}$	7	—	165	0,08081	—	8	3,6	—	2	6,55
120	5	—	384	0,03472	—	3	3,3	—	1	1,13
—	—	—	—	0,03968	—	4	1,5	—	1	3
$10\frac{1}{2}$	12	— *	14	0,95238	1	45	—	1	—	—
$13\frac{65}{72}$	15	16	14	0,95238	1	45	—	1	—	—
$43\frac{3}{4}$	8	6 *	84	0,15873	—	17	2	—	5	—
$87\frac{1}{2}$	8	6 *	168	0,07936	—	8	3	—	2	6
120	5	— *	384	0,03472	—	3	3,3	—	1	1,13
—	—	—	—	0,03968	—	4	1,5	—	1	3
168	3	9 *	768	0,01736	—	1	3,6	—	—	6,56
—	—	—	—	0,01984	—	2	0,7	—	—	7,5
252	3	9 *	1152	0,01157	—	1	1,1	—	—	4,38
—	—	—	—	0,01323	—	1	1,8	—	—	5,0
10	11	17	13,395	0,99540	1	49	2,7	1	1	4,26
12,275	14	1	13,973	0,95422	1	45	0,8	1	—	0,69
24,675	14	2	27,976	0,47660	—	52	2,2	—	15	0,16
30,298	9	2	53,206	0,25060	—	27	2,5	—	7	10,73
47,552	7	—	108,690	0,12267	—	13	2,1	—	3	10,37
$8\frac{1}{3}$	13	6	10	1,33333	2	27	—	1	12	—
$16\frac{2}{3}$	13	6	20	0,66667	1	13	2	—	21	—
$33\frac{1}{3}$	13	6	40	0,33333	—	36	3	—	10	6
40	8	—	80	0,16667	—	18	1,5	—	5	3
70	7	—	160	0,08333	—	9	0,7	—	2	7,5
$10\frac{1}{2}$	12	—	14	0,95238	1	45	—	1	—	—
21	12	—	28	0,47619	—	52	2	—	15	—
27,526	10	—	44,042	0,30274	—	33	1,5	—	9	6,4
44,444	8	—	88,888	0,15000	—	16	2,1	—	4	8,7

Silbermünzen.

Hessen (Cassel) Kurfürstenthum.

Nach der Convention vom 30. Juli 1838:

Vereinsmünzen zu 2 Thalern oder 3½ Gulden . . . .
Ein-Thalerstücke . . . .
⅙ Thalerstücke (seit 1839) . . . .

Scheidemünze seit 1841:

2 Silbergroschen oder $\frac{1}{15}$ Thalerstücke	Realwerth	. . . .
	Nominalwerth	. . . .
1 Silbergroschen zu 12 Hellern	Realwerth	. . . .
	Nominalwerth	. . . .
½ Silbergroschen zu 6 Hellern	Realwerth	. . . .
	Nominalwerth	. . . .

Hessen (Darmstadt), Großherzogthum.

Aeltere Münzen, gesetzmäßig:

Conventions-Speciesthaler . . . .
Halbe Speciesthaler . . . .

Kopfstücke à 24 Kreuzer	im 24 Fl.Fuß	. . . .
	Umlaufswerth	. . . .
Halbe Kopfstücke à 12 Kreuzer	im 24 Fl.Fuß	. . . .
	Umlaufswerth	. . . .
6 Kreuzerstücke	im 24 Fl.Fuß	. . . .
	Umlaufswerth	. . . .

Neuere Münzen, gesetzmäßig:

Kronenthaler à 2 Fl. 42 Kreuzer . . . .

Scheidemünze:

6 Kreuzerstücke	Realwerth	. . . .
	Nominalwerth	. . . .
3 Kreuzerstücke	Realwerth	. . . .
	Nominalwerth	. . . .
1 Kreuzerstücke	Realwerth	. . . .
	Nominalwerth	. . . .

Nach der Convention vom 25. August 1837:

Ein-Guldenstücke . . . .
Halbe Guldenstücke . . . .

Scheidemünze:

6 Kreuzerstücke	Realwerth	. . . .
	Nominalwerth	. . . .

Auf 1 Köln. Mark Brutto gehen:	Feingehalt.		Auf 1 Köln. Mark fein Silber gehen:	Werth eines Stückes im 13⅓ Thlr. oder 20 Fl. Fuß.	24½ Fl. Fuß.			14 Thlr. Fuß oder in Pr. Courant.		
Stück.	Lth.	Grän.	Stück.	Thlr.	Fl.	Kr.	Pf.	Thl.	Sgr.	Pf.
6,3	14	7,2 *	7	1,90476	3	30	—	2	—	—
10,5	12	— *	14	0,95238	1	45	—	1	—	—
$43\frac{3}{4}$	8	6 *	84	0,15873	—	17	2	—	5	—
90	6	— *	240	0,05556	—	6	0,5	—	1	9
—	—	—	—	0,06350	—	7	—	—	2	—
150	5	— *	480	0,02778	—	3	0,25	—	—	10,5
—	—	—	—	0,03175	—	3	2	—	1	—
240	4	— *	960	0,01389	—	1	2,13	—	—	5,25
—	—	—	—	0,01587	—	1	3	—	—	6
$8\frac{1}{3}$	13	6	10	1,33333	2	27	—	1	12	—
$16\frac{2}{3}$	13	6	20	0,66667	1	13	2	—	21	—
35	9	6	60	0,22222	—	24	2	—	7	—
—	—	—	61,25	0,21769	—	24	—	—	6	10,3
60	8	—	120	0,11111	—	12	1	—	3	6
—	—	—	122,5	0,10884	—	12	—	—	3	5,1
105	7	—	240	0,05555	—	6	0,5	—	1	9
—	—	—	245	0,05442	—	6	—	—	1	$8\frac{4}{7}$
7,927	13	17	9,096	1,46585	2	41	2,4	1	16	2,09
96,25	5	9	280	0,04762	—	5	1	—	1	6
—	—	—	—	0,05442	—	6	—	—	1	$8\frac{4}{7}$
168,75	4	9	600	0,02222	—	2	1,8	—	—	8,4
—	—	—	—	0,02721	—	3	—	—	—	$10\frac{2}{7}$
393,75	3	9	1800	0,00741	—	—	3,3	—	—	2,8
—	—	—	—	0,00907	—	1	—	—	—	$3\frac{3}{7}$
22,05	14	7,2 *	24,5	0,54422	1	—	—	—	17	$1\frac{5}{7}$
44,10	14	7,2 *	49	0,27211	—	30	—	—	8	$6\frac{6}{7}$
90	5	6 *	270	0,04938	—	5	1,8	—	1	$6\frac{2}{3}$
—	—	—	—	0,05442	—	6	—	—	1	$8\frac{4}{7}$

Silbermünzen.

Hessen (Darmstadt), Großherzogthum.

3 Kreuzerstücke { Realwerth . . . .
Nominalwerth . . . .

1 Kreuzerstücke { Realwerth . . . .
Nominalwerth . . . .

Nach der Convention vom 30. Juli 1838:

Vereinsmünzen à 3½ Fl. oder 2 Thaler . . . .

Nach der Convention vom 27. März 1845:

Zwei-Guldenstücke . . . .

Hessen (Homburg), Landgrafschaft.

Die neuesten Münzen nach den Conventionen vom 25. Aug. 1837, 30. Juli 1838 und 27. März 1845, wie vorstehend unter Großherzogthum Hessen.

Hohenzollern-Hechingen.

Aeltere Münzen:

Conventions-Speciesthaler, gesetzmäßig . . . .

24 Kreuzerstücke { gesetzmäßig . . . .
Umlaufswerth . . . .

12 Kreuzerstücke { gesetzmäßig . . . .
Umlaufswerth . . . .

Die neuesten Münzen nach den Conventionen vom 25. Aug. 1837, 30. Juli 1838 und 27. März 1845, wie vorstehend unter Großherzogthum Hessen oder wie Württemberg.

Hohenzollern-Sigmaringen.

Wie die neuesten Münzen bei Hechingen.

Japan.

Itaganne, Tjoo-gin oder Schuit ist eine Münze von verschiedenem Werth, nach Engl. Angabe . . . .
nach Holl. Angabe, circa . . . .

Jonische Inseln.

3 Pence- oder 30 Oboli-Stücke seit 1835, nach Oesterreich. Proben

Irland, s. Großbrittannien.

Isle de France, s. Mauritius.

Auf 1 Köln. Mark Brutto gehen:	Feingehalt.		Auf 1 Köln. Mark fein Silber gehen:	Werth eines Stückes im 13⅓ Thlr. oder 20 Fl. Fuß.	24½ Fl. Fuß.			14 Thlr. Fuß oder in Pr. Courant.		
Stück.	Lth.	Grän.	Stück.	Thlr.	Fl.	Kr.	Pf.	Thl.	Sgr.	Pf.
180	5	6 *	540	0,02469	—	2	2,9	—	—	$9\frac{1}{3}$
—	—	—	—	0,02721	—	3	—	—	—	$10\frac{2}{7}$
281,25	2	9 *	1800	0,00741	—	—	3,3	—	—	2,8
—	—	—	—	0,00907	—	1	—	—	—	$3\frac{3}{7}$
6,3	14	7,2 *	7	1,90476	3	30	—	2	—	—
11,025	14	7,2 *	12,25	1,08844	2	—	—	1	4	$3\frac{3}{7}$
$8\frac{1}{3}$	13	6	10	1,33333	2	27	—	1	12	—
35	9	6	60	0,22222	—	24	2	—	7	—
—	—	—	61,25	0,21769	—	24	—	—	6	10,3
60	8	—	120	0,11111	—	12	1	—	3	6
—	—	—	122,5	0,10884	—	12	—	—	3	5,1
1,5242	14	12	1,6628	8,01860	14	44	2,0	8	12	7,03
3,480	14	6	3,118	3,83142	7	2	1,6	4	—	8,3
165,495	14	$14\frac{1}{4}$	179,014	0,07449	—	8	0,8	—	2	4,08

Silbermünzen.

Kirchenstaat.

Aeltere Münzen:

Scudi romani zu 100 Bajocchi, gesetzmäßig . . . .
Dergleichen, nach Französischen Proben . . . .
Dergleichen, nach anderen Proben . . . .
Dergleichen, nach Mailänder Proben . . . .
Halbe Scudi zu 50 Bajocchi, gesetzmäßig . . . .
Testoni zu 30 Bajocchi, desgleichen . . . .
Papetti zu 20 Bajocchi, desgleichen . . . .
Paoli zu 10 Bajocchi, desgleichen . . . .
½ Paoli oder Grossi zu 5 Bajocchi, desgleichen . . . .
½ Grossi zu 2½ Bajocchi, desgleichen . . . .

Münzen von Bologna:

Madonna-Thaler, nach Mailänder Proben . . . .
Halbe, nach Verhältniß.
Scudi zu 10 Paoli, nach Mailänder Proben . . . .
Halbe, nach Verhältniß.
Testoni, nach Mailänder Proben . . . .

Neue Münzen, nach dem Gesetz vom 10. Januar 1835:

Scudi zu 10 Paoli oder 100 Bajocchi . . . .
½ Scudi zu 5 Paoli oder 50 Bajocchi . . . .
$\frac{3}{10}$ Scudi (Testoni) zu 3 Paoli oder 30 Bajocchi . . . .
$\frac{2}{10}$ Scudi (Papetti) zu 2 Paoli oder 20 Bajocchi . . . .
$\frac{1}{10}$ Scudi (Paoli) zu 10 Bajocchi . . . .
$\frac{1}{20}$ Scudi (½ Paoli) zu 5 Bajocchi . . . .

Krakau.

Ein-Guldenstücke von 1835, gesetzmäßig . . . .
Ein Stück, befunden . . . .
10 Groschenstücke von 1835, gesetzmäßig . . . .
Ein Stück von 1835, befunden . . . .
5 Groschenstücke von 1835, gesetzmäßig . . . .

Lippe-Detmold.

Aeltere Münzen:

Speciesthaler, gesetzmäßig . . . .
Halbe Speciesthaler, desgleichen . . . .
Viertel-Speciesthaler, desgleichen . . . .
$\frac{1}{6}$ Thalerstücke von 1765 bis 1770, befunden . . . .
$\frac{1}{12}$ Thalerstücke vom Jahre 1765, befunden . . . .

Auf 1 Köln. Mark Brutto gehen:	Feingehalt.		Auf 1 Köln. Mark fein Silber gehen:	Werth eines Stückes im 13⅓ Thlr. oder 20 Fl.Fuß.	24½ Fl.Fuß.			14 Thlr.Fuß oder in Pr. Courant.		
Stück.	Lth.	Grän.	Stück.	Thlr.	Fl.	Kr.	Pf.	Thl.	Sgr.	Pf.
8,849	14	12	9,653	1,38125	2	32	1,1	1	13	6,11
8,871	14	11	9,714	1,37259	2	31	1,3	1	13	2,84
8,730	14	9	9,633	1,38413	2	32	2,4	1	13	7,20
8,852	14	9	9,768	1,36500	2	30	2,0	1	12	11,97
17,697	14	12	19,806	0,69062	1	16	0,6	—	21	9,05
29,496	14	12	32,177	0,41437	—	45	2,7	—	13	0,63
44,243	14	12	48,265	0,27625	—	30	1,8	—	8	8,42
88,487	14	12	96,531	0,13812	—	15	0,9	—	4	4,21
176,975	14	12	193,063	0,06906	—	7	2,4	—	2	2,10
353,949	14	12	386,126	0,03453	—	3	3,2	—	1	1,05
8,059	13	6	9,671	1,37869	2	32	—	1	13	5,14
8,852	14	9	9,768	1,36500	2	30	1,9	1	12	11,97
29,583	14	11	32,395	0,41162	—	45	1,5	—	12	11,58
8,694	14	7,2 *	9,6602	1,38023	2	32	0,7	1	13	5,73
17,388	14	7,2 *	19,320	0,69012	1	16	0,3	—	21	8,86
28,981	14	7,2 *	32,201	0,41407	—	45	2,6	—	13	0,52
43,471	14	7,2 *	48,301	0,27605	—	30	1,7	—	8	8,35
86,942	14	7,2 *	96,602	0,13802	—	15	0,9	—	4	4,17
173,883	14	7,2 *	193,204	0,06901	—	7	2,4	—	2	2,09
75,121	14	—	85,853	0,15534	—	17	0,5	—	4	10,70
75,294	13	17½	86,221	0,15464	—	17	0,2	—	4	10,45
79,156	3	—	422,166	0,03158	—	3	1,9	—	—	11,94
80	2	17	434,717	0,03067	—	3	1,5	—	—	11,59
158,312	3	—	844,331	0,01579	—	1	2,9	—	—	5,97
8⅓	13	6	10	1,33333	2	27	—	1	12	—
16⅔	13	6	20	0,66666	1	13	2	—	21	—
33⅓	13	6	40	0,33333	—	36	3	—	10	6
39,767	7	11	83,598	0,15949	—	17	2,3	—	5	0,29
65,325	5	16½	176,653	0,07548	—	8	1,3	—	2	4,53

Silbermünzen.

Lippe-Detmold.

Neueste Münzen, nach der Convention vom 30. Juli 1838:

Vereinsmünzen à 2 Thaler oder 3½ Gulden (seit 1843) . . . .

Scheidemünzen (seit 1847):

2½ Silbergroschen oder $\frac{1}{12}$ Thalerstücke {Realwerth . . . . / Nominalwerth . . . .

1 Silbergroschen zu 12 Pfennigen {Realwerth . . . . / Nominalwerth . . . .

½ Silbergroschen zu 6 Pfennigen {Realwerth . . . . / Nominalwerth . . . .

Lippe-Schauenburg.

Speciesthaler und Gulden, wie Detmold.

Lombardisch-Venetianisches Königreich.

Nach dem Gesetz vom 1. November 1823.

Scudi zu 6 Lire austriache (= 1 Conventions-Speciesthaler) . . .
Halbe Scudi zu 3 Lire austriache (= 1 Conventions-Gulden) . . .
Lire austriache zu 100 Centesimi (= 20 Kreuzer Conventions-Geld)
½ Lire austriache zu 50 Centesimi (= 10 Kreuzer Conventions-Geld)
¼ Lire austriache zu 25 Centesimi (= 5 Kreuzer Conventions-Geld) .

Aeltere Münzen.

Für das Königreich Italien unter Napoleon:

Stücke von 5 Lire italiane, gesetzmäßig . . . .
" " 2 Lire italiane, desgleichen . . . .
" " 1 Lira italiana, desgleichen . . . .
" " ¾ Lira italiana, desgleichen . . . .
" " ½ Lira italiana, desgleichen . . . .
" " ¼ Lira italiana, desgleichen . . . .

Für die Cisalpinische Republik:

Scudo vom Jahre 8, Französische Probe . . . .
30 Soldi-Stück vom Jahre 9, desgleichen . . . .
5 Frankenstücke vom Jahre 10, Schweizer Proben . . . .

Für das Herzogthum Mailand unter Oesterreich:

Scudi zu 6 Lire von den Jahren 1778 und 1785, Französische Proben
½ Scudi von den Jahren 1778 und 1784, Französische Proben . . . .
Lira nuova vom Jahre 1780, Französische Probe . . . .
30 Soldi vom Jahre 1800, desgleichen . . . .

Auf 1 Köln. Mark Brutto gehen:	Feingehalt.		Auf 1 Köln. Mark fein Silber gehen:	13⅓ Thlr. oder 20 Fl. Fuß.	24½ Fl. Fuß.			14 Thlr. Fuß oder in Pr. Courant.		
Stück.	Lth.	Grän.	Stück.	Thlr.	Fl.	Kr.	Pf.	Thl.	Sgr.	Pf.
6,3	14	7,2 *	7	1,90476	3	30	—	2	—	—
72	6	— *	192	0,06943	—	7	2,6	—	2	2,25
—	—	—	—	0,07936	—	8	3	—	2	6
150	5	— *	480	0,02778	—	3	0,25	—	—	10,5
—	—	—	—	0,03175	—	3	2	—	1	—
240	4	— *	960	0,01389	—	1	2,1	—	—	5,25
—	—	—	—	0,01587	—	1	3	—	—	6
9	14	7,2 *	10	1,33333	2	27	—	1	12	—
18	14	7,2 *	20	0,66667	1	13	2	—	21	—
54	14	7,2 *	60	0,22222	—	24	2	—	7	—
108	14	7,2 *	120	0,11111	—	12	1	—	3	6
144	9	10,8 *	240	0,05555	—	6	0,5	—	1	9
9,354	14	7,2	10,394	1,28284	2	21	1,7	1	10	4,91
23,386	14	7,2	25,984	0,51314	—	56	2,3	—	16	1,97
46,771	14	7,2	51,968	0,25657	—	28	1,1	—	8	0,98
62,361	14	7,2	69,290	0,19242	—	21	0,8	—	6	0,73
93,542	14	7,2	103,936	0,12828	—	14	0,6	—	4	0,49
187,084	14	7,2	207,871	0,06414	—	7	0,2	—	2	0,24
10,098	14	6	11,272	1,18287	2	10	1,6	1	7	3,13
31,904	10	17	46,641	0,28587	—	31	2,1	—	9	0,06
9,368	14	7	10,417	1,27996	2	21	0,4	1	10	3,82
10,121	14	6	11,298	1,18015	2	10	0,4	1	7	2,10
20,289	14	6	22,648	0,58872	1	4	3,6	—	18	6,54
37,634	8	14	68,598	0,19437	—	21	1,7	—	6	1,47
31,904	10	17	46,641	0,28587	—	31	2,1	—	9	0,06

Silbermünzen.

Lucca.

Aeltere Münzen:

Scudo zu 7½ Lire, Englische Probe . . . .
½ Scudo zu 3¾ Lire, desgleichen . . . .
⅓ Scudo zu 2½ Lire, desgleichen . . . .
⅕ Scudo zu 1½ Lire, desgleichen . . . .
Barbone zu 12 Soldi, desgleichen . . . .

Aus den Jahren 1807 und 1808:

5 Franchi-Stücke, gesetzmäßig . . . .
1 Franco-Stücke, desgleichen . . . .

Neueste Münzen:

5 Lire-Stücke, gesetzmäßig . . . .
2 Lire-Stücke (1837), desgleichen . . . .
1 Lira-Stück (1838), desgleichen . . . .
10 Soldi-Stücke (1838), desgleichen . . . .

Lübeck.

Speciesthaler, gesetzmäßig . . . .
Courant-Thaler à 3 Mark, desgleichen . . . .
2 Markstücke, gesetzmäßig . . . .
1 Markstücke zu 16 Schillinge, desgleichen . . . .
8 Schillingstücke, desgleichen . . . .
4 Schillingstücke, desgleichen . . . .
2 Schillingstücke, desgleichen . . . .
1 Schillingstücke, desgleichen . . . .

Mailand,

s. Lombardisch-Venetianisches Königreich.

Malta.

Oncie zu 30 Tari, gesetzmäßig . . . .
Oncia von Emanuel Pinto (1759), Englische Probe . . . .
Oncia von Emanuel von Rohan (1781), Englische Probe . . . . . .
Oncia von Ferdinand von Hompesch (1798), Englische Probe . . . .
Scudi zu 12 Tari, Englische Proben . . . .
Dergleichen, nach Französischen Proben . . . .
24, 6, 4, 2, 1 Tari-Stücke, nach Verhältniß.
2 Tari-Stücke, nach Englischen Proben . . . .

Auf 1 Köln. Mark Brutto gehen:	Feingehalt.		Auf 1 Köln. Mark fein Silber gehen:	Werth eines Stückes im 13⅓ Thlr. oder 20 Fl. Fuß.	24½ Fl. Fuß.			14 Thlr. Fuß oder in Pr. Courant.		
Stück.	Lth.	Grän.	Stück.	Thlr.	Fl.	Kr.	Pf.	Thl.	Sgr.	Pf.
8,846	14	11	9,687	1,37641	2	31	3	1	13	4,28
18,509	14	11	20,268	0,65785	1	12	2,1	—	20	8,67
25,966	14	11	28,434	0,46892	—	51	2,8	—	14	9,25
46,874	14	11	51,330	0,25976	—	28	2,5	—	8	2,19
81,565	10	10½	123,311	0,10813	—	11	3,7	—	3	4,87
9,354	14	7,2	10,394	1,28284	2	21	1,7	1	10	4,91
46,771	14	7,2	51,968	0,25657	—	28	1,1	—	8	0,98
9,354	14	7,2 *	10,394	1,28284	2	21	1,7	1	10	4,91
23,386	14	7,2 *	25,984	0,51314	—	56	2,3	—	16	1,97
46,771	14	7,2 *	51,968	0,25657	—	28	1,1	—	8	0,98
93,543	14	7,2 *	103,936	0,12828	—	14	0,6	—	4	0,49
8	14	4	9	1,48148	2	43	1,3	1	16	8
8,50	12	—	11⅓	1,17647	2	9	2,8	1	7	0,71
12,75	12	—	17	0,78431	1	26	1,9	—	24	8,47
25,50	12	—	34	0,39216	—	43	0,9	—	12	4,23
42,50	10	—	68	0,19608	—	21	2,5	—	6	2,12
76,50	9	—	136	0,09804	—	10	3,2	—	3	1,06
119	7	—	272	0,04902	—	5	1,6	—	1	6,53
216	6	—	576	0,02315	—	2	2,2	—	—	8,75
7,879	13	6	9,455	1,41019	2	35	1,9	1	14	5,05
7,884	11	14	10,710	1,24494	2	17	1,0	1	9	2,59
7,884	13	5	9,500	1,40351	2	34	2,9	1	14	2,53
7,884	13	6	9,461	1,40929	2	35	1,5	1	14	4,71
19,288	11	14	26,202	0,50887	—	56	0,2	—	16	0,35
19,311	11	14	26,234	0,50824	—	56	0,1	—	16	0,12
138,729	10	16	203,846	0,06541	—	7	0,8	—	2	0,72

Silbermünzen.

Marokko.

Miskal (Rial, Marokkanischer Piaster), nach Französischer Probe . . .
Stücke von 6 Musnua, 10 = 1 Spanischer Piaster . . . .
Dirhems (Silber-Unzen), 15 = 1 Spanischer Piaster . . . .
Musnuas (Blanquillas), 60 = 1 Spanischen Piaster . . . .

Mauritius (Insel).

Dollars (Piaster) zu 100 Cents . . . .
Halbe Dollars zu 50 Cents . . . .
Viertel-Dollars zu 25 Cents . . . .
Achtel-Dollars . . . .
$\frac{1}{16}$ Dollars . . . .

Mecklenburg-Schwerin.

Aeltere Münzen:

2 Markstücke zu 32 Schillingen, gesetzmäßig . . . .
1 Markstücke zu 16 Schillingen, gesetzmäßig . . . .
12 Schillingstücke seit 1774, desgleichen . . . .
8 Schillingstücke, gesetzmäßig . . . .
4 Schillingstücke, desgleichen . . . .
2 Schillingstücke, desgleichen . . . .

Neuere Münzen:

Neue $\frac{2}{3}$ Thalerstücke oder Gulden seit 1789, gesetzmäßig . . . .
Neue $\frac{2}{3}$ Thalerstücke oder Gulden aus feinem Silber seit 1830, gesetzm.
$\frac{2}{3}$ Thalerstücke von 1839 und 1845, im Durchschnitt befunden . . . .

Scheidemünze seit 1828:

4 Schillingstücke, gesetzmäßig { Realwerth . . . .
Nominalwerth . . . .
1 Schillingstücke, gesetzmäßig { Realwerth . . . .
Nominalwerth . . . .

Nach den Verordnungen v. 12. Januar u. 27. Febr. 1848:

Thalerstücke zu 48 Schillingen . . . .
$\frac{1}{3}$ Thalerstücke zu 16 Schillingen . . . .
$\frac{1}{6}$ Thalerstücke zu 8 Schillingen . . . .

Scheidemünze:

$\frac{1}{12}$ Thaler- oder 4 Schillingstücke { Realwerth . . . .
Nominalwerth . . . .
$\frac{1}{48}$ Thaler- oder 1 Schillingstücke { Realwerth . . . .
Nominalwerth . . . .

Auf 1 Köln. Mark Brutto gehen:	Feingehalt.		Auf 1 Köln. Mark fein Silber gehen:	Werth eines Stückes im 13⅓ Thlr. oder 20Fl.Fuß.	24½ Fl.Fuß			14 Thlr.Fuß oder in Pr. Courant.		
Stück.	Lth.	Grän.	Stück.	Thlr.	Fl.	Kr.	Pf.	Thl.	Sgr.	Pf.
8,214	13	11	9,656	1,38083	2	32	0,9	1	13	5,95
—	—	—	96,744	0,13782	—	15	0,8	—	4	4,10
—	—	—	145,116	0,09188	—	10	0,5	—	2	10,7
—	—	—	580,464	0,02297	—	2	2,1	—	—	8,7
8,667	14	6	9,6744	1,37821	2	31	3,8	1	13	4,96
17,333	14	6	19,3488	0,68910	1	15	3,9	—	21	8,48
34,667	14	6	38,6976	0,34455	—	37	3,9	—	10	10,24
69,333	14	6	77,395	0,17228	—	19	—	—	5	5,12
138,667	14	6	154,790	0,08614	—	9	2	—	2	8,56
12,75	12	—	17	0,78431	1	26	1,9	—	24	8,47
25,50	12	—	34	0,39216	—	43	0,9	—	12	4,23
26,60	9	—	47,25	0,28219	—	31	0,4	—	8	10,67
42,50	10	—	68	0,19608	—	21	2,5	—	6	2,12
76,50	9	—	136	0,09804	—	10	3,2	—	3	1,06
119	7	—	272	0,04902	—	5	1,6	—	1	6,53
13,5	12	—	18	0,74074	1	21	2,6	—	23	4
17¾	15	14	18	0,74074	1	21	2,6	—	23	4
17,76	15	14	18,010	0,74033	1	21	2,3	—	23	3,8
76,50	8	—	153	0,08715	—	9	2,4	—	2	8,94
—	—	—	—	0,09804	—	10	3,2	—	3	1,06
210	5	—	672	0,01984	—	2	0,7	—	—	7,5
—	—	—	—	0,02451	—	2	2,8	—	—	9,27
10½	12	—*	14	0,95238	1	45	—	1	—	—
28	10	12*	42	0,31746	—	35	—	—	10	—
43¾	8	6*	84	0,15873	—	17	2	—	5	—
96	8	—*	192	0,06943	—	7	2,6	—	2	2,25
—	—	—	—	0,07936	—	8	3	—	2	6
180	3	6*	864	0,01543	—	1	2,8	—	—	5,8
—	—	—	—	0,01984	—	2	0,7	—	—	7,5

Silbermünzen.

Mecklenburg-Strelitz.

$\frac{1}{6}$ Thaler- oder 4 Ggroschenstücke, gesetzmäßig . . . .
$\frac{1}{12}$ Thaler- oder 2 Ggroschenstücke, desgleichen . . . .

Scheidemünzen seit 1846:

$\frac{1}{12}$ Thaler- oder 4 Schillingstücke, gesetzmäßig { Realwerth . . . . . . / Nominalwerth . . . .
$\frac{1}{48}$ Thaler- oder 1 Schillingstücke, gesetzmäßig { Realwerth . . . . . . / Nominalwerth . . . .

Courant- und Scheidemünzen von 1848 an, wie Mecklenburg-Schwerin.

Mexico.

Pesos, Piaster auch Dollars, zu 8 Reales de Plata mexicana, gesetzm.
In großen Summen befunden . . . .
Piaster vom Kaiser Augustinus vom Jahre 1823, befunden . . . . . .
Piaster der Republik vom Jahre 1826, befunden . . . .
44 Piaster von den Jahren 1824 bis 1835, befunden . . . .
64 Piaster von den Jahren 1836 bis 1840, befunden . . . .
20 neue Piaster vom Jahre 1840, befunden . . . .
$\frac{1}{2}$, $\frac{1}{4}$, $\frac{1}{8}$ und $\frac{1}{16}$, nach Verhältniß.

Nach Nordamerikanischen Untersuchungen, im Durchschnitt:
Piaster aus der Münzstätte zu Mexico . . . .
" " " " " Zacatecas . . . .
" " " " " Guanaxuato . . . .
" " " " Durango . . . .
" " " " " Potosi . . . .
" " " " " Chihuahua . . . .
" " " " " Guadalarara . . . .
Halbe Piaster von verschiedenen Münzstätten . . . .
Viertel Piaster von verschiedenen Münzstätten . . . .
(S. auch Spanien und Südamerikanische Freistaaten.)

Mittel-Amerika,

s. Südamerikanische Freistaaten.

Modena.

Scudo zu 15 Lire di Modena, 1739, Französische Probe . . . .
Scudo zu 15 Lire di Modena, 1782, Französische Probe . . . .
Scudo vom Jahre 1796, Französische Probe . . . .

Auf 1 Köln. Mark Brutto gehen:	Feingehalt.		Auf 1 Köln. Mark fein Silber gehen:	Werth eines Stückes im 13⅓ Thlr. oder 20 Fl. Fuß.	24½ Fl. Fuß.			14 Thlr. Fuß oder in Pr. Courant.		
Stück.	Lth.	Grän.	Stück.	Thlr.	Fl.	Kr.	Pf.	Thl.	Sgr.	Pf.
40	8	—	80	0,16667	—	18	1,5	—	5	3
70	7	—	160	0,08333	—	9	0,7	—	2	7,5
72	6	— *	192	0,06943	—	7	2,6	—	2	2,25
—	—	—	—	0,07936	—	8	3	—	2	6
180	3	6 *	864	0,01543	—	1	2,8	—	—	5,8
—	—	—	—	0,01984	—	2	0,7	—	—	7,5
8,641	14	8	9,5715	1,39302	2	33	2,3	1	13	10,56
8⅔	14	6	9,6744	1,37821	2	31	3,8	1	13	4,9
8,625	14	5	9,665	1,37955	2	32	0,4	1	13	5,47
8,672	14	6	9,680	1,37741	2	31	3,4	1	13	4,66
8,665	14	5½	9,691	1,37585	2	31	2,7	1	13	4,07
8,696	14	6¼	9,698	1,37482	2	31	2,3	1	13	3,69
8,658	14	5½	9,684	1,37684	2	31	3,2	1	13	4,45
8,671	14	6½	9,661	1,38012	2	32	0,6	1	13	5,7
8,726	14	5	9,779	1,36347	2	30	1,3	1	12	11,4
8,692	14	5¼	9,731	1,37019	2	31	0,2	1	13	1,9
8,676	14	6¾	9,657	1,38069	2	32	0,9	1	13	5,9
8,661	14	6¼	9,659	1,38041	2	32	0,7	1	13	5,8
8,624	14	6¾	9,599	1,38903	2	33	0,5	1	13	9,0
8,666	14	—	9,904	1,34626	2	28	1,7	1	12	4,9
17,496	14	6¼	19,512	0,68334	1	15	1,3	—	21	6,3
35,212	14	5¼	39,421	0,33823	—	37	1,2	—	10	7,8
8,123	13	16	9,358	1,42481	2	37	0,3	1	14	10,57
8,434	14	11	9,236	1,44363	2	39	0,6	1	15	5,69
8,323	10	11	12,550	1,06242	1	57	0,5	1	3	5,59

Silbermünzen.

Modena.

Scudi nuovi von 5 Lire italiane, gesetzmäßig . . . .
Stücke von 2 Lire italiane, desgleichen . . . .
" " 1 Lira italiana, desgleichen . . . .
½ und ¼, nach Verhältniß.

Nassau.

Aeltere Münzen:

Kronenthaler à 2 Gulden 42 Kreuzer, gesetzmäßig . . . .
Conventions-Speciesthaler, gesetzmäßig . . . .
24 Kreuzerstücke { gesetzmäßig . . . .
Umlaufswerth . . . .
12 Kreuzerstücke { gesetzmäßig . . . .
Umlaufswerth . . . .
6 Kreuzerstücke von den Jahren 1808 und 1809 { gesetzmäßig . . . . .
Umlaufswerth . . .

Scheidemünze, gesetzmäßig:

6 Kreuzerstücke { Realwerth . . . .
Nominalwerth . . . .
3 Kreuzerstücke { Realwerth . . . .
Nominalwerth . . . .
1 Kreuzerstücke { Realwerth . . . .
Nominalwerth . . . .

Nach der Convention vom 25. August 1837:

Ein-Guldenstücke . . . .
Halbe Guldenstücke . . . .

Scheidemünze:

6 Kreuzerstücke { Realwerth . . . .
Nominalwerth . . . .
3 Kreuzerstücke { Realwerth . . . .
Nominalwerth . . . .
1 Kreuzerstücke { Realwerth . . . .
Nominalwerth . . . .

Nach der Convention vom 30. Juli 1838:

Vereinsmünzen à 3½ Gulden oder 2 Thaler . . . .

Nach der Convention vom 27. März 1845:

Zwei-Guldenstücke . . . .

Neapel, s. Sicilien.

Auf 1 Köln. Mark Brutto gehen:	Feingehalt.		Auf 1 Köln. Mark fein Silber gehen:	Werth eines Stückes im 13⅓ Thlr. oder 20 Fl. Fuß.	24½ Fl. Fuß.			14 Thlr. Fuß oder in Pr. Courant.		
Stück.	Lth.	Grän.	Stück.	Thlr.	Fl.	Kr.	Pf.	Thl.	Sgr.	Pf.
9,354	14	7,2 *	10,394	1,28284	2	21	1,7	1	10	4,91
23,386	14	7,2 *	25,984	0,51314	—	56	2,3	—	16	1,97
46,771	14	7,2 *	51,968	0,25657	—	28	1,1	—	8	0,98
7,92	13	17	9,088	1,46714	2	41	3,0	1	16	2,57
8$\frac{1}{3}$	13	6	10	1,33333	2	27	—	1	12	—
35	9	6	60	0,22222	—	24	2	—	7	—
—	—	—	61,25	0,21769	—	24	—	—	6	10,3
60	8	—	120	0,11111	—	12	1	—	3	6
—	—	—	122,5	0,10884	—	12	—	—	3	5,1
105	7	—	240	0,05555	—	6	0,5	—	1	9
—	—	—	245	0,05442	—	6	—	—	1	8$\frac{4}{7}$
105	6	—	280	0,04762	—	5	1	—	1	6
—	—	—	—	0,05442	—	6	—	—	1	8$\frac{4}{7}$
169	4	9	600	0,02222	—	2	1,8	—	—	8,4
—	—	—	—	0,02721	—	3	—	—	—	10$\frac{2}{7}$
440	3	12	1920	0,00694	—	—	3,06	—	—	2,62
—	—	—	—	0,00907	—	1	—	—	—	3$\frac{3}{7}$
22,05	14	7,2 *	24,5	0,54422	1	—	—	—	17	1$\frac{5}{7}$
44,10	14	7,2 *	49	0,27211	—	30	—	—	8	6$\frac{6}{7}$
90	5	6 *	270	0,04938	—	5	1,8	—	1	6$\frac{2}{3}$
—	—	—	—	0,05442	—	6	—	—	1	8$\frac{4}{7}$
180	5	6 *	540	0,02469	—	2	2,9	—	—	9$\frac{1}{3}$
—	—	—	—	0,02721	—	3	—	—	—	10$\frac{2}{7}$
300	2	9 *	1920	0,00694	—	—	3,06	—	—	2,62
—	—	—	—	0,00907	—	1	—	—	—	3$\frac{3}{7}$
6,3	14	7,2 *	7	1,90476	3	30	—	2	—	—
11,025	14	7,2 *	12,25	1,08844	2	—	—	1	4	3$\frac{3}{7}$

Silbermünzen.

Niederlande.

Aeltere Münzen.

Für die Oesterreichischen Niederlande oder Brabant:

Ducatons, seit 1749, nach Französischen Proben . . . .
Dergleichen, nach gewöhnlicher Annahme . . . .
½, ¼ und ⅛, nach Verhältniß.
Kronenthaler, seit 1755, gesetzmäßig . . . .
Dergleichen, nach älteren Proben . . . .
Dergleichen, befunden . . . .
½ und ¼, nach Verhältniß.
Doppelte Schillinge oder Escalins, seit 1749, Französische Proben . .
Schillinge, Escalins, seit 1749, nach Englischen Proben . . . .
Halbe Schillinge, Plaquets, nach Englischen Proben . . . .
5 Stüverstücke, seit 1749 . . . .
Halbe, nach Verhältniß.
Belgische Löwenthaler zu 3½ Gulden, v. J. 1790, n. Französ. Proben .
Belgische Gulden à 20 Stüver, v. J. 1790, n. Französ. Proben . . . .
Belgische halbe Gulden, nach Französischen Proben . . . .

Für Holland:

Alte Thaler zu 1½ Gulden, aus d. 17. Jahrhund., im Durchschn. befund.
3 Guldenstücke aus dem 18. Jahrhundert . . . .
Einzelne dergleichen, befunden . . . .
Dergleichen, im Durchschnitt befunden . . . .
Ein-Guldenstücke . . . .
Dergleichen ohne Rand, befunden . . . .
Dergleichen mit Rand, befunden . . . .
½ und ¼, nach Verhältniß.
Ducatons, silberne Ruyder . . . .
Dergleichen, nach Französischen Proben . . . .
Halbe, nach Verhältniß.
Thaler, nach dem Fuß der Albertus-Thaler . . . .
Dergleichen, nach Französischen Proben . . . .
Dergleichen, im Durchschnitt befunden . . . .
½ und ¼, nach Verhältniß.
Thaler à 50 Stüver, unter Louis Napoleon vom J. 1808, befunden
Schillinge à 6 Stüver, ältere Angabe . . . .
Gestempelte Schillinge à 6 Stüver, aus dem 17. Jahrhundert, befund.
Sesthalfs, 5½ Stüver, ältere Angabe . . . .
Dergleichen, nach Englischen Proben . . . .

Auf 1 Köln. Mark Brutto gehen:	Feingehalt.		Auf 1 Köln. Mark fein Silber gehen:	Werth eines Stückes im 13⅓ Thlr. oder 20 Fl. Fuß.	24½ Fl. Fuß.			14 Thlr. Fuß oder in Pr. Courant.		
Stück.	Lth.	Grän.	Stück.	Thlr.	Fl.	Kr.	Pf.	Thl.	Sgr.	Pf.
7,022	13	16	8,089	1,64834	3	1	3,5	1	21	11,07
7,10	13	16	8,179	1,63019	2	59	2,9	1	21	4,21
7,917	13	17	9,084	1,46778	2	41	3,3	1	16	2,82
7,969	13	16	9,180	1,45243	2	40	0,5	1	15	9,02
7,990	13	16	9,204	1,44865	2	39	2,9	1	15	7,59
23,670	9	4	41,066	0,32468	—	35	3,2	—	10	2,72
47,335	9	3½	82,371	0,16187	—	17	3,4	—	5	1,18
85,935	7	11	180,652	0,07378	—	8	0,5	—	2	3,89
49,5	6	10	120,814	0,11036	—	12	0,7	—	3	5,72
7,125	13	17	8,175	1,63099	2	59	3,3	1	21	4,51
25,157	13	16	28,981	0,46007	—	50	2,9	—	14	5,91
50,607	13	16	58,299	0,22870	—	25	0,9	—	7	2,45
15,128	14	6½	16,854	0,79111	1	27	0,9	—	24	11,04
7,409	14	12	8,083	1,64956	3	1	3,5	1	12	11,53
7,420	14	11	8,125	1,64102	3	—	3,7	1	12	8,31
7,430	14	10	8,167	1,63259	2	59	3,9	1	21	5,12
22,217	14	10½	24,375	0,54701	1	—	1,2	—	17	2,77
22,576	14	9½	24,864	0,53625	—	59	0,5	—	16	10,70
22,349	14	9½	24,614	0,54170	—	59	2,9	—	17	0,76
7,170	15	—	7,648	1,74337	3	12	0,8	1	24	11
7,191	14	17	7,699	1,73180	3	10	3,7	1	24	6,63
8,326	13	16	9,592	1,39005	2	33	1,0	1	13	9,44
8,323	13	14	9,665	1,37955	2	32	0,1	1	13	5,47
8,380	13	15½	9,673	1,37841	2	31	3,9	1	13	5,04
8,888	14	10	9,770	1,36472	2	30	1,8	1	12	11,87
46,875	9	2½	82,067	0,16247	—	17	3,6	—	5	1,41
52,500	9	—	93,333	0,14286	—	15	3,0	—	4	6
50,156	9	—	89,167	0,14953	—	16	1,9	—	4	8,52
50,129	8	8½	94,670	0,14788	—	15	2,1	—	4	5,24

Silbermünzen.

Niederlande.

Dubbeltjes, 2 Stüver, ältere Angabe . . . .
Stüver, ältere Angabe . . . .

Neuere Münzen für das Königreich der Niederlande, nach dem Gesetz vom 28. September 1816.

a. Reichsmünzen:

Drei-Guldenstücke . . . .
Gulden zu 100 Cents . . . .
Halbe Gulden zu 50 Cents . . . .
Viertel-Gulden zu 25 Cents . . . .
$\frac{1}{10}$ Gulden oder 10 Cents . . . .
$\frac{1}{20}$ Gulden oder 5 Cents . . . .
Drei Guldenstücke von verschiedenen Jahren, befunden . . . .
25 Cents-Stücke von verschiedenen Jahren, befunden . . . .

b. Handelsmünzen:

Silber-Ducaten oder Thaler . . . .
Silber-Ruyders oder Ducatons . . . .

Neueste Münzen, nach dem Gesetz vom 22. März 1839.

a. Reichsmünzen:

$2\frac{1}{2}$ Guldenstücke, Thaler . . . .
Gulden zu 100 Cents . . . .
$\frac{1}{2}$ Gulden zu 50 Cents . . . .
$\frac{1}{4}$ Gulden zu 25 Cents . . . .
$\frac{1}{10}$ Gulden zu 10 Cents . . . .
$\frac{1}{20}$ Gulden zu 5 Cents . . . .

b. Handelsmünzen:

wie nach dem Gesetz vom 28. September 1816.

Nordamerikanische, vereinigte Staaten.

Nach dem Gesetz vom 8. August 1786:

Dollars zu 100 Cents . . . .
Halbe Dollars zu 50 Cents . . . .
$\frac{1}{5}$ Dollars zu 20 Cents . . . .
Dimes zu 10 Cents . . . .

Nach dem Gesetz vom 2. April 1792:

Dollars zu 100 Cents (Piaster) . . . .
Dergleichen im Durchschnitt von 8 Jahren, nach Englischen Proben
Dollar vom Jahre 1798, nach Englischer Probe . . . .

Auf 1 Köln. Mark Brutto gehen:	Feingehalt.		Auf 1 Köln. Mark fein Silber gehen:	Werth eines Stückes im 13⅓ Thlr. oder 20 Fl. Fuß.	24½ Fl. Fuß.			14 Thlr. Fuß oder in Pr. Courant.		
Stück.	Lth.	Grän.	Stück.	Thlr.	Fl.	Kr.	Pf.	Thl.	Sgr.	Pf.
145,037	9	2	254,70	0,05235	—	5	3,1	—	1	7,79
290,07	9	2	509,40	0,02617	—	2	3,5	—	—	9,89
7,2413	14	5,18 *	8,109	1,64426	3	1	1,1	1	21	9,53
21,724	14	5,18 *	24,3270	0,54809	1	—	1,7	—	17	3,18
43,448	14	5,18 *	48,654	0,27404	—	30	0,9	—	8	7,59
55,37	9	1,87 *	97,308	0,13702	—	15	0,4	—	4	3,79
138,42	9	1,87 *	243,270	0,05481	—	6	0,2	—	1	8,72
276,85	9	1,87 *	486,540	0,02740	—	3	0,1	—	—	10,36
7,245	14	$4\frac{1}{2}$	8,135	1,63901	3	0	2,8	1	21	7,55
56,000	9	—	99,556	0,13393	—	14	3,1	—	4	2,62
8,3288	13	16 *	9,5948	1,38964	2	33	0,8	1	13	9,28
7,1792	14	$17\frac{3}{4}$ *	7,6649	1,73953	3	11	3,1	1	24	9,54
9,3542	15	2,16 *	9,8986	1,34699	2	28	2,0	1	12	5,16
23,3856	15	2,16 *	24,7466	0,53880	—	59	1,6	—	16	11,66
46,771	15	2,16 *	49,493	0,26940	—	29	2,8	—	8	5,83
93,542	15	2,16 *	98,986	0,13470	—	14	3,4	—	4	2,91
233,856	15	2,16 *	247,466	0,05388	—	5	3,7	—	1	8,37
467,711	15	2,16 *	494,932	0,02694	—	2	3,9	—	—	10,18
8,808	14	12	9,608	1,38768	2	33	—	1	13	8,55
17,615	14	12	19,217	0,69384	1	16	2,0	—	21	10,27
44,038	14	12	48,042	0,27754	—	30	2,4	—	8	8,91
88,076	14	12	96,083	0,13877	—	15	1,2	—	4	4,45
8,676	14	$5\frac{1}{52}$	9,722	1,37146	2	31	0,8	1	13	2,41
8,677	14	$4\frac{1}{4}$	9,752	1,36724	2	30	2,9	1	13	0,82
8,624	14	6	9,627	1,38499	2	32	2,8	1	13	7,53

Silbermünzen.

Nordamerikanische, vereinigte Staaten.

Halbe Dollars zu 50 Cents, gesetzmäßig . . . .
Ein Stück vom Jahre 1819, befunden . . . .
Viertel-Dollars zu 25 Cents, gesetzmäßig . . . .
Dimes zu 10 Cents, gesetzmäßig . . . .
Halbe Dimes zu 5 Cents, gesetzmäßig . . . .

Nach dem Gesetz vom 18. Januar 1837:

Dollars zu 100 Cents . . . .
Halbe Dollars zu 50 Cents . . . .
Viertel-Dollars zu 25 Cents . . . .
Dimes zu 10 Cents . . . .
Halbe Dimes zu 5 Cents . . . .

Norwegen.

Nach den Gesetzen vom 13. August 1818 u. 24. August 1824:

Speciesthaler . . . .
Halbe Speciesthaler . . . .
$\frac{1}{5}$ Speciesthaler oder 1 Reichsorte, bis 1824 . . . .
Dergleichen, seit 1825 . . . .
$\frac{1}{15}$ Speciesthaler oder 8 Schillinge Spec., bis 1824 . . . .
Dergleichen, seit 1825 bis 1845 . . . .

Nach dem Gesetz vom 5. April 1845:

$\frac{1}{10}$ Speciesthaler oder 12 Schillinge Spec. . . . .

Scheidemünze;
nach dem Gesetz vom 14. Juni 1816 bis in die neueste Zeit:

4 Schillingstücke { Realwerth . . . .
4 Schillingstücke { Nominalwerth . . . .
2 Schillingstücke { Realwerth . . . .
2 Schillingstücke { Nominalwerth . . . .

Oesterreich.

Nach der Convention vom 21. September 1753:

Speciesthaler, 2 Gulden, gesetzmäßig . . . .
Halbe Speciesthaler, Gulden, desgleichen . . . .
20 Kreuzerstücke, desgleichen . . . .
Dergleichen, von 1821 bis 1835, befunden . . . .
10 Kreuzerstücke, gesetzmäßig . . . .
5 Kreuzerstücke, desgleichen . . . .
3 Kreuzerstücke, desgleichen . . . .

Auf 1 Köln. Mark Brutto gehen:	Feingehalt.		Auf 1 Köln. Mark fein Silber gehen:	Werth eines Stückes im 13⅓ Thlr. oder 20Fl.Fuß.	24½ Fl.Fuß.			14 Thlr.Fuß oder in Pr. Courant.		
Stück.	Lth.	Grän.	Stück.	Thlr.	Fl.	Kr.	Pf.	Thl.	Sgr.	Pf.
17,352	14	$5\frac{1}{52}$	19,444	0,68573	1	15	2,4	—	21	7,21
17,316	14	$4\frac{1}{2}$	19,443	0,68576	1	15	2,4	—	21	7,22
34,705	14	$5\frac{1}{52}$	38,888	0,34286	—	37	3,2	—	10	9,60
86,762	14	$5\frac{1}{52}$	97,220	0,13715	—	15	0,5	—	4	3,84
173,524	14	$5\frac{1}{52}$	194,440	0,06857	—	7	2,2	—	2	1,92
8,750	14	7,2 *	9,722	1,37146	2	31	0,8	1	13	2,41
17,500	14	7,2 *	19,444	0,68573	1	15	2,4	—	21	7,21
35,000	14	7,2 *	38,888	0,34286	—	37	3,2	—	10	9,60
87,500	14	7,2 *	97,220	0,13715	—	15	0,5	—	4	3,84
175,000	14	7,2 *	194,440	0,06857	—	7	2,2	—	2	1,92
$8\frac{3}{32}$	14	— *	9,250	1,44144	2	38	3,7	1	15	4,86
$16\frac{3}{16}$	14	— *	18,500	0,72072	1	19	1,8	—	22	8,43
$31\frac{51}{64}$	11	—	46,250	0,28829	—	31	3,1	—	9	0,97
$40\frac{15}{32}$	14	— *	46,250	0,28829	—	31	3,1	—	9	0,97
$69\frac{3}{8}$	8	—	138,750	0,09609	—	10	2,4	—	3	0,32
$121\frac{13}{32}$	14	—	138,750	0,09609	—	10	2,4	—	3	0,32
$80\frac{15}{16}$	14	— *	92,500	0,14414	—	15	3,6	—	4	6,48
78	4	— *	312	0,04273	—	4	2,8	—	1	4,15
—	—	—	—	0,04804	—	5	1,2	—	1	6,16
156	4	— *	624	0,02137	—	2	1,4	—	—	8,07
—	—	—	—	0,02403	—	2	2,6	—	—	9,08
$8\frac{1}{3}$	13	6 *	10	1,33333	2	27	—	1	12	—
$16\frac{2}{3}$	13	6 *	20	0,66667	1	13	2	—	21	—
35	9	6 *	60	0,22222	—	24	2	—	7	—
35,165	9	5	60,644	0,21989	—	24	1	—	6	11,1
60	8	— *	120	0,11111	—	12	1	—	3	6
105	7	— *	240	0,05555	—	6	0,5	—	1	9
$137\frac{1}{2}$	5	5,9 *	400	0,03333	—	3	2,7	—	1	0,6

Silbermünzen.

Oldenburg.

Seit 1816:

24 Grote, ⅓ Thaler, gesetzmäßig . . . .
12 Grote, ⅙ Thaler, desgleichen . . . .
6 Grote, $\frac{1}{12}$ Thaler, desgleichen . . . .
4 Grote, desgleichen . . . .
3 Grote, desgleichen, seit 1840 . . . .
2 Grote, desgleichen . . . .
1 Grote, desgleichen . . . .
1 Grote, desgleichen, seit 1836 . . . .

Für Birkenfeld.

Nach der Convention vom 30. Juli 1838:

3½ Gulden oder Zweithalerstücke (1840) . . . .

Nach dem Gesetz vom 10. Juli 1846.

Einthaler à 72 Grote . . . .
Halbe Thaler à 36 Grote . . . .
⅓ Thaler à 24 Grote . . . .
⅙ Thaler à 12 Grote . . . .

(½ und ⅓ Thaler sind bis Ende 1847 noch nicht geprägt.)

Scheidemünze:

(6, 4, 3, 2 und 1 Grotenstücke sollen, wie früher, auch künftig zu 16 Thalern aus der f. Mark geprägt werden.)

Ostindien.

Englische Besitzungen.

Allgemeine Company-Rupie seit dem 1. Septbr. 1835, gesetzmäßig .

Ahmedabad, in der Provinz Guyrat.

Neue Sicca-Rupien, Ostindische Probe . . . .
Städtische Sicca-Rupie, desgleichen . . . .

Ahmednuggur, in der Provinz Aurungabad.

Tokaschi-Rupie, Ostindische Probe . . . .
Jyenuggi-Rupie, desgleichen . . . .
Mannaschi-Rupie, desgleichen . . . .
Delhi-Rupie, desgleichen . . . .

Anjar, in der Provinz Bhui.

Cutch-Kuri-Rupie, Ostindische Probe . . . .
Anksayi-Rupie, desgleichen . . . .

Auf 1 Köln. Mark Brutto gehen:	Feingehalt.		Auf 1 Köln. Mark fein Silber gehen:	Werth eines Stückes im 13⅓ Thlr. oder 20 Fl. Fuß.	Werth eines Stückes im 24½ Fl. Fuß.			Werth eines Stückes im 14 Thlr. Fuß oder in Pr. Courant.		
Stück.	Lth.	Grän.	Stück.	Thlr.	Fl.	Kr.	Pf.	Thl.	Sgr.	Pf.
30	10	—	48	0,27778	—	30	2,5	—	8	9
48	8	—	96	0,13889	—	15	1,2	—	4	4,5
$65\frac{1}{3}$	5	8	192	0,06944	—	7	2,6	—	2	2,25
98	5	8	288	0,04630	—	5	0,4	—	1	5,5
120	5	—	384	0,03472	—	3	3,3	—	1	1,12
168	4	12	576	0,02315	—	2	2,2	—	—	8,75
240	3	6	1152	0,01157	—	1	1,1	—	—	4,37
252	3	9	1152	0,01157	—	1	1,1	—	—	4,37
6,3	14	7,2 *	7	1,90476	3	30	—	2	—	—
$10\frac{1}{2}$	12	— *	14	0,95238	1	45	—	1	—	—
21	12	— *	28	0,47619	—	52	2	—	15	—
$28\frac{7}{8}$	11	— *	42	0,31746	—	35	—	—	10	—
43^3	8	6 *	84	0,15873	—	17	2	—	5	—
20,051	14	12	21,874	0,60955	1	7	0,8	—	19	2,41
19,968	13	11	23,473	0,56803	1	2	2,3	—	17	10,7
20,305	15	$11\frac{1}{2}$	20,774	0,67392	1	10	3	—	20	2,6
20,844	15	$\frac{1}{2}$	22,193	0,60079	1	6	0,9	—	18	11,1
20,902	14	7	23,242	0,57367	1	3	1	—	18	0,8
21,296	14	7	23,681	0,56304	1	2	0,3	—	17	8,8
20,683	15	11	21,196	0,62905	1	9	1,4	—	19	9,8
50,129	9	8	84,924	0,15700	—	17	1,2	—	4	11,3
21,154	15	$2\frac{3}{4}$	22,337	0,59692	1	5	3,2	—	18	9,6

Silbermünzen.

Ostindien.

Bagulcota, in Duab.

Mullarschi-Rupie, Ostindische Probe . . . .

Baroda, im Distrikt von Broach.

Babasy-Rupie, Ostindische Probe . . . .
Walkersy-Rupie, desgleichen . . . .
Aschasy-Rupie, desgleichen . . . .
Mukunsy-Rupie, desgleichen . . . .
Wullubsy-Rupie, desgleichen . . . .
Siasy-Rupie, desgleichen . . . .

Batavia, s. Java.

Bengalen.

Sicca-Rupien vom Jahre 1793, gesetzmäßig . . . .
Halbe und Viertel, nach Verhältniß.
Lucknow-Rupien vom Jahre 1803, gesetzmäßig . . . .
Halbe und Viertel, nach Verhältniß.
Benares-Rupien vom Jahre 1812 an, gesetzmäßig . . . .
Halbe und Viertel, nach Verhältniß.
Neue Furruckabad-Rupien vom Jahre 1819 an, gesetzmäßig . . . .
Halbe und Viertel, nach Verhältniß.
Sicca-Rupien, seit 1818, gesetzmäßig . . . .
Halbe Sicca-Rupien, desgleichen . . . .
Viertel-Sicca-Rupien, desgleichen . . . .

Bhakri.

Rupie, Ostindische Probe . . . .

Bombay und Surate.

Rupien, seit 1800, gesetzmäßig . . . .
Rupien, seit 1824, desgleichen . . . .
Halbe Rupien, desgleichen . . . .
Viertel-Rupien, desgleichen . . . .

Broach, in der Provinz Guyrat.

Neue Rupie, Englische Probe . . . .
Neue Rupie, Ostindische Probe . . . .

Cambay.

Rupie, Ostindische Probe . . . .

Auf 1 Köln. Mark Brutto gehen:	Feingehalt.		Auf 1 Köln. Mark fein Silber gehen:	Werth eines Stückes im 13⅓ Thlr. oder 20Fl.Fuß.	24½ Fl.Fuß.			14 Thlr.Fuß oder in Pr. Courant.		
Stück.	Lth.	Grän.	Stück.	Thlr.	Fl.	Kr.	Pf.	Thl.	Sgr.	Pf.
20,948	14	4⅓	23,536	0,56651	1	2	1,8	—	17	10,1
20,391	13	10½	24,019	0,55512	1	1	0,8	—	17	5,8
20,347	14	¾	23,185	0,57508	1	3	1,6	—	18	1,4
20,449	13	15	23,652	0,56373	1	2	0,6	—	17	9,1
20,435	14	—	23,356	0,57087	1	2	3,8	—	17	11,8
20,559	13	10¾	24,192	0,55115	1	0	3,1	—	17	4,3
20,293	13	6½	24,301	0,54867	1	0	2	—	17	3,4
20,089	15	12	20,516	0,64990	1	11	2,6	—	20	5,66
20,863	15	5	21,849	0,61025	1	7	1,1	—	19	2,67
20,624	15	7,9	21,372	0,62387	1	8	3,1	—	19	7,82
20,026	14	12	21,847	0,61031	1	7	1,1	—	19	2,69
18,806	14	12	20,516	0,64990	1	11	2,6	—	20	5,66
37,612	14	12	41,032	0,32495	—	35	3,3	—	10	2,83
75,224	14	12	82,064	0,16247	—	17	3,6	—	5	1,41
20,507	15	¾	21,814	0,61123	1	7	1,6	—	19	3
20,164	14	13	21,914	0,60844	1	7	0,3	—	19	1,99
20,051	14	12	21,874	0,60955	1	7	0,8	—	19	2,41
40,102	14	12	43,748	0,30477	—	33	2,4	—	9	7,20
80,204	14	12	87,496	0,15239	—	16	3,2	—	4	9,60
20,277	14	2,4	22,955	0,58085	1	4	0,2	—	18	3,56
20,334	14	⅓	23,208	0,57451	1	3	2,	—	18	1,17
20,107	13	1¾	24,563	0,54282	—	59	3,4	—	17	1,19

Silbermünzen.

Ostindien.

Cananor.

Fanams, Englische Probe . . . .

Cursaney.

Rupie, Ostindische Probe . . . .

Deckan Puna, im südlichen Marattenlande.

Ankusi-Chinsori-Rupie, Ostindische Probe . . . .
Puna-Sicca-Rupie, desgleichen . . . .
Bellapuri-Rupie, desgleichen . . . .
Bhatori-Rupie, desgleichen . . . .

Furruckabad, s. Bengalen.

Goa.

Gemeine Pardos . . . .
Pardos-Xeraphim . . . .
Rupie, Ostindische Probe . . . .

Hyderabad.

Kora-Rupie, Ostindische Probe . . . .

Java.

Früher: Gulden, gesetzmäßig . . . .
Halbe Gulden (1834), desgleichen . . . .
Viertel-Gulden (1834), desgleichen . . . .
Seit 1839: Gulden, gesetzmäßig . . . .
Halbe Gulden, desgleichen . . . .
Viertel-Gulden, desgleichen . . . .

Lucknow, s. Bengalen.

Madras.

Arcot-Rupien, alte . . . .
Arcot-Rupien der letzten Münzung, gesetzmäßig . . . .
Halbe und Viertel, nach Verhältniß.
Neue Rupien, seit 1818, gesetzmäßig . . . .
Halbe Rupien, desgleichen . . . .
Viertel-Rupien, desgleichen . . . .
Doppel-Annas, desgleichen . . . .
Annas, desgleichen . . . .

Auf 1 Köln. Mark Brutto gehen:	Feingehalt.		Auf 1 Köln. Mark fein Silber gehen:	Werth eines Stückes im 13$\frac{1}{3}$ Thlr. oder 20 Fl. Fuß.	24$\frac{1}{2}$ Fl. Fuß.			14 Thlr. Fuß oder in Pr. Courant.		
Stück.	Lth.	Grän.	Stück.	Thlr.	Fl.	Kr.	Pf.	Thl.	Sgr.	Pf.
100,959	14	13	109,721	0,12152	—	13	1,6	—	3	9,93
21,138	11	10$\frac{3}{4}$	29,163	0,45720	—	50	1,6	—	14	4,8
20,923	14	12$\frac{1}{4}$	22,803	0,58472	1	4	1,9	—	18	5
20,654	15	7$\frac{1}{4}$	21,455	0,62146	1	8	2,1	—	19	6,9
21,006	13	10$\frac{3}{4}$	24,718	0,53942	—	59	1,4	—	16	11,9
21,012	13	16$\frac{1}{2}$	24,157	0,55194	1	—	3,4	—	17	4,6
—	—	—	15,763	0,84583	1	33	1,0	—	26	7,7
—	—	—	12,611	1,05729	1	56	2,3	1	3	3,7
21,420	13	13$\frac{1}{2}$	24,925	0,53494	—	59	—	—	16	10,21
21,181	11	14$\frac{1}{4}$	28,740	0,46393	—	51	0,6	—	14	7,4
21,724	14	5,18	24,327	0,54809	1	—	1,7	—	17	3,18
43,448	14	5,18	48,654	0,27404	—	30	0,9	—	8	7,59
57,586	9	1,58	101,383	0,13151	—	14	2	—	4	1,71
23,386	15	2,16 *	24,7466	0,53880	—	59	1,6	—	16	11,66
46,771	15	2,16 *	49,493	0,26940	—	29	2,8	—	8	5,83
93,542	15	2,16 *	98,986	0,13470	—	14	3,4	—	4	2,91
20,350	15	2	21,547	0,61880	1	8	2,7	—	19	5,90
20,461	15	1,8	21,680	0,61501	1	7	9,7	—	19	4,47
20,051	14	12	21,874	0,60955	1	7	0,8	—	19	2,41
40,102	14	12	43,748	0,30477	—	33	2,4	—	9	7,20
80,204	14	12	87,496	0,15239	—	16	3,2	—	4	9,60
160,408	14	12	174,992	0,07619	—	8	1,6	—	2	4,80
320,816	14	12	349,984	0,03810	—	4	0,8	—	1	2,40

Silbermünzen.

Ostindien.

Maldiven-Inseln.

Larin, Englische Probe . . . .

Malwah.

Bhilsa-Rupie, Englische Angabe . . . .
Bhopal-Rupie, desgleichen . . . .
Chandore-Rupie, Ostindische Probe . . . .
Indore-Rupie, Ostindische Probe . . . .
Jewry-Rupie, Englische Angabe . . . .
Kotah-Rupie, Ostindische Probe . . . .
Odeypur-Rupie, Englische Angabe . . . .
Ougien-Rupie, Ostindische Probe . . . .
Pertaubghur-Rupie, Englische Angabe . . . .
Dieselbe nach Ostindischer Probe . . . .

Mysore.

Mysore-Rupie, Ostindische Probe . . . .
Rajah-Pondicherry-Rupie, zu Mysore geprägt, Ostindische Probe . .
Sultan-Rupie, Englische Angabe . . . .

Pertaubghur, s. Malwah.

Pondicherry, s. Madras und Mysore.

Doppelter Fanam, Englische Probe . . . .
Einfacher Fanam, desgleichen . . . .

Siam.

Tical, nach Englischer Angabe { . . . .
. . . . }

Parma und Piacenza.

Ducati, tarifmäßig . . . .
½, ¼ und ⅛, nach Verhältniß.
3 Lire-Stücke, tarifmäßig . . . .

Seit 1815:

Stücke von 5 Lire italiane, gesetzmäßig . . . .
" " 2 Lire italiane, desgleichen . . . .
" " 1 Lira italiana, desgleichen . . . .
" " ½ Lira italiana zu 10 Soldi, desgleichen . . . .
" " ¼ Lira italiana zu 5 Soldi, desgleichen . . . .

Auf 1 Köln. Mark Brutto gehen:	Feingehalt.		Auf 1 Köln. Mark fein Silber gehen:	Werth eines Stückes im 13⅓ Thlr. oder 20 Fl. Fuß.	24½ Fl. Fuß.			14 Thlr. Fuß oder in Pr. Courant.		
Stück.	Lth.	Grän.	Stück.	Thlr.	Fl.	Kr.	Pf.	Thl.	Sgr.	Pf.
48,447	15	9	50,009	0,26662	—	29	1,6	—	8	4,78
21,548	13	4½	26,020	0,51243	—	56	2,0	—	16	1,70
21,388	14	4⅓	24,030	0,55486	1	1	0,7	—	17	5,74
20,954	14	11½	22,902	0,58219	1	4	0,7	—	18	4,1
20,904	14	13½	22,675	0,58802	1	4	3,3	—	18	6,3
21,420	13	2¾	26,057	0,51170	—	56	1,7	—	16	1,42
20,648	14	11,12	22,600	0,58997	1	5	0,2	—	18	7,0
21,548	11	8¼	30,089	0,44313	—	48	3,4	—	13	11,50
20,624	14	13½	22,372	0,59598	1	5	2,8	—	18	9,28
22,062	9	13¼	36,256	0,36776	—	40	2,2	—	11	7,01
21,181	13	17¼	24,279	0,54913	1	0	2,2	—	17	3,59
20,796	15	1½	22,060	0,60441	1	6	2,6	—	19	0,47
20,489	15	2¾	21,635	0,61629	1	7	3,8	—	19	4,96
20,391	15	0,6	21,702	0,61438	1	7	3	—	19	4,24
84,427	14	10,8	92,523	0,14411	—	15	3,6	—	4	6,47
147,317	15	3	155,411	0,08579	—	9	1,8	—	2	8,43
16	14	16,8	17,143	0,77777	1	25	3	—	24	6
16	15	8,4	16,552	0,80554	1	28	3,2	—	25	4,5
9,117	14	6	10,177	1,31014	2	24	1,8	1	11	3,23
65,875	13	4	79,714	0,16726	—	18	1,8	—	5	3,23
9,354	14	7,2 *	10,394	1,28284	2	21	1,7	1	10	4,91
23,386	14	7,2 *	25,984	0,51314	—	56	2,3	—	16	1,97
46,771	14	7,2 *	51,968	0,25657	—	28	1,1	—	8	0,98
93,542	14	7,2 *	103,936	0,12828	—	14	0,6	—	4	0,49
187,084	14	7,2 *	207,871	0,06414	—	7	0,2	—	2	0,24

Silbermünzen.

Persien.

Rupien, doppelte, vom Schach Rokh, Französische Proben . . . . . .
" einfache, von Ismail, Französische Proben . . . .
" " von Iman Riza, Französische Proben . . . .
" " vom Jahre 1789, Englische Proben . . . .
" " ältere, Ostindische Proben . . . .
" " neuere, dergleichen . . . .
Huzar Dinar, Ostindische Probe . . . .
Mamudi von Avasa, Englische Angabe . . . .
Sahib-Koran vom J. 1808, nach Nordamerikanischen Untersuchungen
" " vom J. 1839, desgleichen . . . .
Halbe (Penebad), nach Verhältniß.

Peru,

s. Südamerikanische Freistaaten.

Polen.

Aeltere Münzen:

Speciesthaler zu 8 Gulden, von 1766 bis 1787, gesetzmäßig . . . . .
2 Guldenstücke, von 1766 bis 1787, desgleichen . . . .
1 Guldenstücke, von 1766 bis 1787, desgleichen . . . .
Halbe Guldenstücke, gesetzmäßig . . . .
Viertel-Guldenstücke, desgleichen . . . .
Speciesthaler zu 8 Gulden, von 1787 bis 1794, befunden . . . . . .
Halbe Speciesthaler zu 4 Gulden, von 1787 bis 1794, desgleichen . .
2 Guldenstücke, von 1787 bis 1794, desgleichen . . . .
1 Guldenstücke, von 1787 bis 1794, desgleichen . . . .
10 Groschenstücke, von 1787 bis 1794, ältere Proben . . . .
Thaler zu 6 Gulden, von 1794 und 1795, befunden . . . .
$\frac{1}{3}$ Thaler zu 2 Gulden, vom Jahre 1794, ältere Proben . . . .
$\frac{1}{6}$ Thaler zu 1 Gulden, vom Jahre 1794, befunden . . . .

Für das Herzogthum Warschau seit 1807:

Thaler zu 6 Gulden, von dem Jahre 1811 und 1812, befunden . . .
$\frac{1}{3}$ Thaler zu 2 Gulden, von den Jahren 1811 — 1814, befunden . . .
" " " " " von den Jahren 1813 und 1814, befunden . .
$\frac{1}{6}$ Thaler zu 1 Gulden, von den Jahren 1811 — 1814, desgleichen . .
10 Groschenstücke, nach Warschauer Proben . . . .
5 Groschenstücke, desgleichen . . . .
2 Guldenstücke, von 1813 (Zamoscia), befunden . . . .

Auf 1 Köln. Mark Brutto gehen:	Feingehalt.		Auf 1 Köln. Mark fein Silber gehen:	Werth eines Stückes im 13⅓ Thlr. oder 20 Fl. Fuß.	24½ Fl. Fuß.			14 Thlr. Fuß oder in Pr. Courant.		
Stück.	Lth.	Grän.	Stück.	Thlr.	Fl.	Kr.	Pf.	Thl.	Sgr.	Pf.
10,145	15	9	10,472	1,27324	2	20	1,5	1	10	1,28
20,767	14	16	22,316	0,59748	1	5	3,5	—	18	9,85
20,383	15	12	20,817	0,64050	1	10	2,5	—	20	2,11
20,277	15	11,4	20,753	0,64248	1	10	3,4	—	20	2,86
22,683	15	2	24,017	0,55516	1	1	0,8	—	17	5,85
25,543	15	2	27,047	0,49297	—	54	1,4	—	15	6,34
33,986	15	4,3	35,683	0,37366	—	41	0,8	—	11	9,24
70,274	6	7,2	175,685	0,07589	—	8	1,5	—	2	4,69
25,240	15	½	26,873	0,49616	—	54	2,8	—	15	7,55
43,485	15	6	45,376	0,29384	—	32	1,6	—	9	3,07
8⅓	13	6	10	1,33333	2	27	—	1	12	—
25	10	—	40	0,33333	—	36	3	—	10	6
43⅓	8	12	80	0,16667	—	18	1,5	—	5	3
70	7	—	160	0,08333	—	9	0,7	—	2	7,5
117 7/9	5	16	320	0,04167	—	4	2,3	—	1	3,75
8½	13	—	10,462	1,27445	2	20	2	1	10	1,74
17	13	—	20,924	0,63723	1	10	1	—	20	0,87
25,475	9	9	42,905	0,31076	—	34	1	—	9	9,47
45,073	8	7	85,967	0,15510	—	17	0,4	—	4	10,63
88⅓	5	11½	250,64	0,05320	—	5	3,5	—	1	8,11
9,756	11	1	14,119	0,94435	1	44	0,5	—	29	8,96
25,285	9	10	42,338	0,31492	—	34	2,9	—	9	11,04
44	8	4	85,622	0,15572	—	17	0,7	—	4	10,86
10,200	11	9	14,191	0,93956	1	43	2,3	—	29	7,15
27,250	10	1	43,359	0,30751	—	33	3,6	—	9	8,24
27,948	9	17½	44,841	0,29735	—	32	3,1	—	9	4,94
46,920	8	10½	87,462	0,15245	—	16	3,2	—	4	9,62
80,500	3	2	414	0,03221	—	3	2,2	—	1	0,17
122,917	3	5	600	0,02222	—	2	1,8	—	—	8,40
29,84	10	4	46,706	0,28547	—	31	1,9	—	8	11,91

Silbermünzen.

Polen.

Neuere Münzen,
nach der Ukase vom 19. November (1. Dezember) 1815:

10 Guldenstücke, seit 1820, gesetzmäßig . . . .
5 Guldenstücke, desgleichen . . . .
Dergleichen, von 1816 — 1818, befunden . . . .
Dergleichen, von 1832, befunden . . . .
2 Guldenstücke, gesetzmäßig . . . .
1 Guldenstücke, desgleichen . . . .
Dergleichen, von 1816 — 1818, befunden . . . .
10 Groschenstücke, gesetzmäßig . . . .
5 Groschenstücke, gesetzmäßig . . . .

Nach der Ukase vom 27. Januar 1833:

10 Guldenstücke ($1\frac{1}{2}$ Rubel), gesetzmäßig . . . .
Ein 10 Guldenstück vom Jahre 1837, befunden . . . .
5 Guldenstücke ($\frac{3}{4}$ Rubel), gesetzmäßig . . . .
Ein 5 Guldenstück vom Jahre 1837, befunden . . . .

Nach der Ukase vom 15. October 1832:

1 Gulden (15 Kopeken), gesetzmäßig . . . .
Münzen vom Jahre 1842 an, wie Rußland.

Portugal.

Aeltere Münzen:

Neue Crusaden zu 480 Reïs, gesetzmäßig . . . .
Dergleichen, nach Gerhardt . . . .
Halbe und Viertel, nach Verhältniß.
Neue Crusade vom Jahre 1802, Englische Probe . . . .
" " vom Jahre 1809, desgleichen . . . .
" " vom Jahre 1802, Französische Probe . . . .
" " zu 400 Reïs, von Michael (1830), befunden . . . . . .
" " zu 400 Reïs, von Maria II. (1835), befunden . . . . .
Halbe Crusade zu 200 Reïs, von Michael (1830), befunden . . . . .
6 Vintems zu 120 Reïs, Französische Proben . . . .
6 Vintems zu 120 Reïs vom Jahre 1802, Englische Probe . . . . .
3 Vintems, nach Verhältniß.
Teston vom Jahre 1802, Englische Probe . . . .
Halber Teston vom Jahre 1802, desgleichen . . . .

Auf 1 Köln. Mark Brutto gehen:	Feingehalt.		Auf 1 Köln. Mark fein Silber gehen:	Werth eines Stückes im 13⅓ Thlr. oder 20Fl.Fuß.	24½ Fl.Fuß.			14 Thlr.Fuß oder in Pr. Courant.		
Stück.	Lth.	Grän.	Stück.	Thlr.	Fl.	Kr.	Pf.	Thl.	Sgr.	Pf.
7,525	13	16	8,669	1,53805	2	49	3,2	1	18	5,38
15,050	13	16	17,338	0,76902	1	24	3,1	—	24	2,69
15,093	13	16	17,387	0,76686	1	24	2,2	—	24	1,87
15,123	13	15½	17,457	0,76378	1	24	0,8	—	24	0,71
25,735	9	9	43,344	0,30761	—	33	3,6	—	9	8,28
51,471	9	9	86,688	0,15381	—	16	3,8	—	4	10,14
51,588	9	9	86,885	0,15346	—	16	3,7	—	4	10,01
80,500	3	2	414	0,03221	—	3	2,2	—	1	0,17
161	3	2	828	0,01610	—	1	3,1	—	—	6,09
7,520	13	16	8,663	1,53910	2	49	2,7	1	18	5,78
7,554	13	15½	8,720	1,52905	2	48	2,3	1	18	1,98
15,040	13	16	17,326	0,76955	1	24	3,4	—	24	2,89
15,123	13	16	17,423	0,76527	1	24	1,5	—	24	1,27
75,200	13	16	86,631	0,15391	—	16	3,9	—	4	10,18
15,973	14	12	17,425	0,76518	1	24	1,4	—	24	1,24
16,296	14	9	17,982	0,74148	1	21	2,9	—	23	4,28
16,041	14	3,6	18,074	0,73771	1	21	1,3	—	23	2,85
16,481	14	9,6	18,144	0,73486	1	21	0,1	—	23	1,78
15,952	14	5½	17,842	0,74730	1	22	1,6	—	23	6,48
16,194	—	—	—	—	—	—	—	—	—	—
16,244	14	11½	17,754	0,75100	1	22	3,2	—	23	7,3
32,520	—	—	—	—	—	—	—	—	—	—
68,801	14	6,9	76,531	0,17422	—	19	0,8	—	5	5,85
68,748	14	3,6	77,462	0,17213	—	18	3,9	—	5	5,06
75,193	14	3,6	84,724	0,15737	—	17	1,4	—	4	11,49
156,925	14	3,6	176,817	0,07541	—	8	1,3	—	2	4,50

Silbermünzen.

Portugal.

Neueste Münzen, nach dem Gesetz vom 24. April 1835:
Coroas, Kronen, zu 1000 Reïs, gesetzmäßig . . . .
Meias Coroas, Halbe Kronen, zu 500 Reïs, gesetzmäßig . . . .
200 Reïs-Stücke, desgleichen . . . .
100 Reïs-Stücke, desgleichen . . . .
Silber Krone (1000 Reïs) vom J. 1838, nach Nordamerik. Unters. .
Halbe, nach Verhältniß.
200 Reïs-Stück vom J. 1838, nach Nordamerik. Unters. . . . . . .
Halbe, nach Verhältniß.

Preußen.

Nach den Münzedikten v. 14. Juli 1750 u. 29. März 1764:
Reichsthaler zu 24 Ggroschen, gesetzmäßig . . . .
½ Thaler zu 12 Ggroschen, bis 1768 ausgemünzt, gesetzmäßig . . . .
¼ Thaler zu 6 Ggroschen, bis 1768 ausgemünzt, gesetzmäßig . . . .
⅓ Thaler zu 8 Ggroschen, bis 1809 ausgemünzt, gesetzmäßig . . . .
⅙ Thaler zu 4 Ggroschen, gesetzmäßig . . . .
$\frac{1}{12}$ Thaler zu 2 Ggroschen, bis 1772 ausgemünzt, gesetzmäßig . . . .

Für die Provinzen Preußen und Schlesien:
⅕ Thaler zu 18 Pr. Groschen oder 18 Kreuzer, gesetzmäßig . . . . . .
$\frac{1}{15}$ Thaler zu 6 Pr. Groschen oder 6 Kreuzer, gesetzmäßig . . . .

Anmerkung. Die ½, ¼, ⅕, $\frac{1}{15}$, alten ⅙ und $\frac{1}{12}$ Thaler werden eingezogen, wovon die 4 ersten Sorten fast verschwunden sind.

Nach dem Münzgesetz vom 30. September 1821:
Reichsthaler zu 30 Silbergroschen à 12 Pfenninge, gesetzmäßig . . .
⅙ Thaler zu 5 Silbergroschen, gesetzmäßig . . . .

Scheidemünze:
Silbergroschen zu 12 Pfenningen {Realwerth . . . .
{Nominalwerth . . . .
Halbe Silbergroschen zu 6 Pfenningen {Realwerth . . . .
{Nominalwerth . . . .

Nach der Münzconvention vom 30. Juli 1838:
Vereinsmünzen od. Zweithalerstücke = 3½ Gulden (v. 1839 an), gesetzm.

Nach dem Gesetz vom 28. Juni 1843.

Scheidemünze:
2½ Silbergroschen oder $\frac{1}{12}$ Thaler-Stücke (1842) {Realwerth . . . .
{Nominalwerth . .

Auf 1 Köln. Mark Brutto gehen:	Feingehalt.		Auf 1 Köln. Mark fein Silber gehen:	Werth eines Stückes im 13⅓ Thlr. oder 20 Fl. Fuß.	24½ Fl. Fuß.			14 Thlr. Fuß oder in Pr. Courant.		
Stück.	Lth.	Grän.	Stück.	Thlr.	Fl.	Kr.	Pf.	Thl.	Sgr.	Pf.
7,8983	14	12 *	8,6163	1,54746	2	50	2,4	1	18	8,94
15,797	14	12 *	17,233	0,77373	1	25	1,2	—	24	4,47
39,491	14	12 *	43,082	0,30949	—	34	0,5	—	9	8,99
78,983	14	12 *	86,163	0,15475	—	17	0,2	—	4	10,49
7,915	14	9¼	8,725	1,52818	2	48	1,9	1	18	1,65
39,662	14	11½	43,350	0,30757	—	33	3,6	—	9	8,26
10½	12	—	14	0,95238	1	45	—	1	—	—
21	12	—	28	0,47619	—	52	2	—	15	—
42	12	—	56	0,23809	—	26	1	—	7	6
28	10	12	42	0,31746	—	35	—	—	10	—
43¾	8	6	84	0,15873	—	17	2	—	5	—
63	6	—	168	0,07936	—	8	3	—	2	6
39⅜	9	—	70	0,19048	—	21	—	—	6	—
70	5	6	210	0,06349	—	7	—	—	2	—
10½	12	— *	14	0,95238	1	45	—	1	—	—
43¾	8	6 *	84	0,15873	—	17	2	—	5	—
106⅔	3	10 *	480	0,02778	—	3	0,2	—	—	10,5
—	—	—	—	0,03175	—	3	2	—	1	—
213⅓	3	10 *	960	0,01389	—	1	2,1	—	—	5,25
—	—	—	—	0,01587	—	1	3	—	—	6
6,3	14	7,2 *	7	1,90476	3	30	—	2	—	—
72	6	— *	192	0,06943	—	7	2,6	—	2	2,25
—	—	—	—	0,07936	—	8	3	—	2	6

Silbermünzen.

Reußische Fürstenthümer.

Aeltere Münzen:

Conventions-Speciesthaler, $\frac{2}{3}$, $\frac{1}{3}$, $\frac{1}{6}$, $\frac{1}{12}$ Stücke, wie Königreich Sachsen.

Nach der Münzconvention vom 30. Juli 1838:

Vereinsmünzen oder Zweithalerstücke = 3½ Gulden (1840), gesetzmäßig

Scheidemünze:

Silbergroschen à 12 Pfennige { Realwerth . . . .
Nominalwerth . . . .

Halbe Silbergroschen à 6 Pfennige { Realwerth . . . .
Nominalwerth . . . .

Rußland.

Rubel, von 1704—1718 (mon. dobraja) . . . .
" von 1718—1731 (mon. novaja) . . . .
" von 1731—1762 . . . .
" von 1762—1797 à 100 Kopeken . . . .
½ Rubel, " " à 50 Kopeken . . . .
¼ " " " à 25 Kopeken . . . .
$\frac{1}{5}$ " " " à 20 Kopeken . . . .
$\frac{3}{20}$ " " " à 15 Kopeken . . . .
$\frac{1}{10}$ " " " à 10 Kopeken (Griwen) . . . .
Rubel, von 1797 und 1798, gesetzmäßig . . . .
½ Rubel, " " " " gesetzmäßig . . . .
¼ " " " " " gesetzmäßig . . . .
10 Kopekenstücke von 1797, gesetzmäßig . . . .
5 Kopekenstücke von 1797, gesetzmäßig . . . .
Rubel von 1798, gesetzmäßig . . . .
" von 1799, befunden . . . .
" von 1802, Englische Probe . . . .
Halbe Rubel von 1804, desgleichen . . . .
Rubel von 1805, desgleichen . . . .

Neuere Münzen, nach den Ukasen vom 20. Juni und 29. August 1810:

Rubel à 100 Kopeken (Banco), gesetzmäßig . . . .
½ Rubel, 50 Kopeken " " . . . .
¼ Rubel, 25 Kopeken (Scheidemünze), gesetzmäßig . . . .
$\frac{1}{5}$ Rubel, 20 Kopeken " " . . . .
$\frac{1}{10}$ Rubel, 10 Kopeken " " . . . .
Neue Rubel, befunden . . . .

Auf 1 Köln. Mark Brutto gehen:	Feingehalt.		Auf 1 Köln. Mark fein Silber gehen:	Werth eines Stückes im						
				13⅓ Thlr. oder 20 Fl. Fuß.	24½ Fl. Fuß.			14 Thlr. Fuß oder in Pr. Courant.		
Stück.	Lth.	Grän.	Stück.	Thlr.	Fl.	Kr.	Pf.	Thl.	Sgr.	Pf.
6,3	14	7,2 *	7	1,90476	3	30	—	2	—	—
106⅔	3	10 *	480	0,02778	—	3	0,2	—	—	10,5
—	—	—	—	0,03175	—	3	2	—	1	—
213⅓	3	10 *	960	0,01389	—	1	2,1	—	—	5,25
—	—	—	—	0,01587	—	1	3	—	—	6
8,293	13	14	9,631	1,38442	2	32	2,5	1	13	7,31
8,228	11	12	11,285	1,18151	2	10	1,0	1	7	2,61
9,052	12	15	11,285	1,18151	2	10	1,0	1	7	2,61
9,750	12	—	13,000	1,02564	1	53	0,3	1	2	3,69
19,500	12	—	26,000	0,51282	—	56	2,2	—	16	1,85
39,208	12	—	52,277	0,25505	—	28	0,5	—	8	0,41
49,017	12	—	65,356	0,20401	—	22	2,0	—	6	5,12
65,750	12	—	87,667	0,15209	—	16	3,1	—	4	9,49
98,625	12	—	131,500	0,10139	—	11	0,7	—	3	2,32
8	13	16	9,216	1,44676	2	39	2,0	1	15	6,87
16	13	16	18,432	0,72338	1	19	3,0	—	22	9,43
32	13	16	36,864	0,36169	—	39	3,5	—	11	4,72
80	13	16	92,160	0,14468	—	15	3,8	—	4	6,69
160	13	16	184,320	0,07234	—	7	3,9	—	2	3,34
11,285	13	16	13,000	1,02564	1	53	0,3	1	2	3,69
11,478	13	16	13,223	1,00834	1	51	0,7	1	1	9,15
11,513	13	16,8	13,220	1,00857	1	51	0,8	1	1	9,24
22,916	13	15,6	26,441	0,50427	—	55	2,4	—	15	10,61
11,139	13	13,2	12,977	1,02746	1	53	1,1	1	2	4,38
11,280	13	16	12,995	1,02607	1	53	0,5	1	2	3,85
22,560	13	16	25,989	0,51303	—	56	2,2	—	16	1,93
45,120	13	16	51,978	0,25652	—	28	1,1	—	8	0,96
56,400	13	16	64,973	0,20521	—	22	2,5	—	6	5,57
112,800	13	16	129,946	0,10261	—	11	1,2	—	3	2,78
11,364	13	16	13,091	1,01815	1	52	1,2	1	2	1,00

Silbermünzen.

Rußland.

Russisch-Polnische Münzen, nach der Ukase v. 1. Mai 1834:

1½ Rubel, 10 Polnische Gulden, gesetzmäßig . . . .
Ein Stück von 1837, befunden . . . .
¾ Rubel, 5 Polnische Gulden, gesetzmäßig . . . .
¾ Rubel von 1837, befunden . . . .
15 Kopeken, 1 Polnischer Gulden, gesetzmäßig . . . .

S. auch Georgien und Polen.

Sachsen, Königreich.

Aeltere Münzen seit 1763:

Speciesthaler zu 1⅓ Reichsthaler, gesetzmäßig . . . .
Gulden oder ⅔ Thaler, gesetzmäßig . . . .
Halbe Gulden oder ⅓ Thaler, vor 1827, gesetzmäßig . . . .
Dergleichen seit 1827, gesetzmäßig . . . .
⅙ Thaler oder 4 Ggroschen, desgleichen . . . .
1/12 Thaler oder 2 Ggroschen, desgleichen . . . .
1/24 Thaler oder 1 Ggroschen, desgleichen . . . .

Scheidemünze, gesetzmäßig:

8 Pfennigstücke { Realwerth . . . .
8 Pfennigstücke { Nominalwerth . . . .
6 Pfennigstücke { Realwerth . . . .
6 Pfennigstücke { Nominalwerth . . . .

Nach der Münzconvention vom 30. Juli 1838:

Vereinsmünzen oder Zweithalerstücke = 3½ Gulden (1839), gesetzmäßig
Reichsthaler zu 30 Neugroschen, gesetzmäßig . . . .
⅙ Thaler zu 5 Neugroschen, gesetzmäßig . . . .

Scheidemünze, gesetzmäßig:

Doppel-Neugroschen { Realwerth . . . .
Doppel-Neugroschen { Nominalwerth . . . .
Neugroschen à 10 Pfennige { Realwerth . . . .
Neugroschen à 10 Pfennige { Nominalwerth . . . .
Halbe Neugroschen à 5 Pfennige { Realwerth . . . .
Halbe Neugroschen à 5 Pfennige { Nominalwerth . . . .

Sachsen-Altenburg.

Nach der Convention vom 30. Juli 1838:

Vereinsmünzen oder Zweithalerstücke = 3½ Gulden, gesetzmäßig . . .

Auf 1 Köln. Mark Brutto gehen:	Feingehalt.		Auf 1 Köln. Mark fein Silber gehen:	13⅓ Thlr. oder 20 Fl. Fuß.	Werth eines Stückes im 24½ Fl. Fuß.			14 Thlr. Fuß oder in Pr. Courant.		
Stück.	Lth.	Grän.	Stück.	Thlr.	Fl.	Kr.	Pf.	Thl.	Sgr.	Pf.
7,520	13	16	8,663	1,53910	2	49	2,7	1	18	5,78
7,554	13	15½	8,720	1,52905	2	48	2,3	1	18	1,98
15,040	13	16	17,326	0,76955	1	24	3,4	—	24	2,89
15,123	13	16	17,423	0,76527	1	24	1,5	—	24	1,27
75,200	13	16	86,631	0,15391	—	16	3,9	—	4	10,18
8⅓	13	6	10	1,33333	2	27	—	1	12	—
16⅔	13	6	20	0,66667	1	13	2	—	21	—
33⅓	13	6	40	0,33333	—	36	3	—	10	6
28⅓	11	6	40	0,33333	—	36	3	—	10	6
43⅓	8	12	80	0,16667	—	18	1,5	—	5	3
70	7	—	160	0,08333	—	9	0,7	—	2	7,5
117$\frac{7}{9}$	5	16	320	0,04167	—	4	2,4	—	1	3,75
180	4	—	720	0,01852	—	2	0,2	—	—	7
—	—	—	—	0,02778	—	3	0,2	—	—	10,50
240	4	—	960	0,01389	—	1	2,1	—	—	5,25
—	—	—	—	0,02083	—	2	1,1	—	—	7,87
6,3	14	7,2 *	7	1,90476	3	30	—	2	—	—
10½	12	— *	14	0,95238	1	45	—	1	—	—
43¾	8	6 *	84	0,15873	—	17	2	—	5	—
75	5	— *	240	0,05556	—	6	0,5	—	1	9,00
—	—	—	—	0,06349	—	7	—	—	2	—
110	3	12 *	480	0,02778	—	3	0,2	—	—	10,50
—	—	—	—	0,03175	—	3	2	—	1	—
220	3	12 *	960	0,01389	—	1	2,1	—	—	5,25
—	—	—	—	0,01587	—	1	3	—	—	6
6,3	14	7,2 *	7	1,90476	3	30	—	2	—	—

Silbermünzen.

Sachsen-Altenburg.

Einthalerstücke, gesetzmäßig . . . .
⅙ Thalerstücke, desgleichen . . . .

Scheidemünze, gesetzmäßig:

Neugroschen à 10 Pfennige {Realwerth . . . .
Neugroschen à 10 Pfennige {Nominalwerth . . . .

Halbe Neugroschen à 5 Pfennige {Realwerth . . . .
Halbe Neugroschen à 5 Pfennige {Nominalwerth . . . .

Sachsen-Coburg und Gotha.

Für Coburg.

Aeltere Münzen:

Kronenthaler, gesetzmäßig . . . .
Speciesthaler, desgleichen . . . .
Gulden, desgleichen . . . .

20 Kreuzerstücke {gesetzmäßig . . . .
20 Kreuzerstücke {Umlaufswerth . . . .

10 Kreuzerstücke {gesetzmäßig . . . .
10 Kreuzerstücke {Umlaufswerth . . . .

Scheidemünze, gesetzmäßig:

6 Kreuzerstücke {Realwerth . . . .
6 Kreuzerstücke {Nominalwerth . . . .

3 Kreuzerstücke {Realwerth . . . .
3 Kreuzerstücke {Nominalwerth . . . .

1 Kreuzerstücke {Realwerth . . . .
1 Kreuzerstücke {Nominalwerth . . . .

Neuere Münzen.

Nach der Convention vom 30. Juli 1838:

Vereinsmünzen zu 3½ Gulden oder 2 Thaler, gesetzmäßig . . . .

Nach der Aufnahme in die Münzconvention vom 25. August 1837:

Ein-Guldenstücke, gesetzmäßig . . . .
Halbe Guldenstücke, desgleichen . . . .

Scheidemünze, gesetzmäßig:

6 Kreuzerstücke {Realwerth . . . .
6 Kreuzerstücke {Nominalwerth . . . .

3 Kreuzerstücke {Realwerth . . . .
3 Kreuzerstücke {Nominalwerth . . . .

Auf 1 Köln. Mark Brutto gehen:	Feingehalt.		Auf 1 Köln. Mark fein Silber gehen:	Werth eines Stückes im 13⅓ Thlr. oder 20 Fl. Fuß.	24½ Fl. Fuß.			14 Thlr. Fuß oder in Pr. Courant.		
Stück.	Lth.	Grän.	Stück.	Thlr.	Fl.	Kr.	Pf.	Thl.	Sgr.	Pf.
10½	12	—*	14	0,95238	1	45	—	1	—	—
43¾	8	6*	84	0,15873	—	17	2	—	5	—
110	3	12*	480	0,02778	—	3	0,2	—	—	10,50
—	—	—	—	0,03175	—	3	2	—	1	—
220	3	12*	960	0,01389	—	1	2,1	—	—	5,25
—	—	—	—	0,01587	—	1	3	—	—	6
7,961	13	17	9,1345	1,45967	2	40	3,7	1	15	11,75
8⅓	13	6	10	1,33333	2	27	—	1	12	—
16⅔	13	6	20	0,66667	1	13	2	—	21	—
35	9	6	60	0,22222	—	24	2	—	7	—
—	—	—	61,25	0,21769	—	24	—	—	6	10,3
60	8	—	120	0,11111	—	12	1	—	3	6
—	—	—	122,50	0,10884	—	12	—	—	3	5,1
85 5/9	4	16	280	0,04762	—	5	0,4	—	1	6,00
—	—	—	—	0,05442	—	6	—	—	1	8 4/7
155 5/9	3	16	640	0,02083	—	2	1,2	—	—	7,87
—	—	—	—	0,02721	—	3	—	—	—	10 2/7
292½	2	—	2340	0,00570	—	—	2,5	—	—	2,15
—	—	—	—	0,00907	—	1	—	—	—	3 3/7
6,3	14	7,2*	7	1,90476	3	30	—	2	—	—
22,05	14	7,2*	24,5	0,54422	1	—	—	—	17	1 5/7
44,10	14	7,2*	49	0,27211	—	30	—	—	8	6 6/7
90	5	6*	270	0,04938	—	5	1,8	—	1	6⅔
—	—	—	—	0,05442	—	6	—	—	1	8 4/7
180	5	6*	540	0,02469	—	2	2,9	—	—	9⅓
—	—	—	—	0,02721	—	3	—	—	—	10 2/7

Silbermünzen.

Sachsen-Coburg und Gotha.

Für Gotha.

Aeltere Münzen seit 1761:

Speciesthaler, gesetzmäßig . . . .
$\frac{1}{2}$ und $\frac{1}{4}$, nach Verhältniß.
$\frac{1}{6}$ Thaler oder 4 Ggroschen, gesetzmäßig . . . .
$\frac{1}{12}$ Thaler oder 2 Ggroschen, desgleichen . . . .
$\frac{1}{24}$ Thaler oder 1 Ggroschen, desgleichen . . . .

Nach der Convention vom 30. Juli 1830:

Vereinsmünzen oder Zweithalerstücke = $3\frac{1}{2}$ Gulden, gesetzmäßig . . .
Ein-Thalerstücke, gesetzmäßig . . . .
$\frac{1}{6}$ Thalerstücke, desgleichen . . . .

Scheidemünze, gesetzmäßig:

Neugroschen à 10 Pfennige { Realwerth . . . .
Neugroschen à 10 Pfennige { Nominalwerth . . . .
Halbe Neugroschen à 5 Pfennige { Realwerth . . . .
Halbe Neugroschen à 5 Pfennige { Nominalwerth . . . .

Sachsen-Meiningen und Hildburghausen.

Aeltere Münzen:

Speciesthaler, gesetzmäßig . . . .
20 Kreuzerstücke { gesetzmäßig . . . .
20 Kreuzerstücke { Umlaufswerth . . . .
6 Kreuzerstücke, gesetzmäßig { Realwerth . . . .
6 Kreuzerstücke, gesetzmäßig { Nominalwerth . . . .

Neuere Münzen:

Saalfelder Ausbeute-Gulden von 1829, gesetzmäßig . . . .
Gulden seit 1830, gesetzmäßig . . . .

Scheidemünze, gesetzmäßig:

6 Kreuzerstücke { Realwerth . . . .
6 Kreuzerstücke { Nominalwerth . . . .
3 Kreuzerstücke { Realwerth . . . .
3 Kreuzerstücke { Nominalwerth . . . .
1 Kreuzerstücke { Realwerth . . . .
1 Kreuzerstücke { Nominalwerth . . . .

Nach der Convention vom 25. August 1837:

Gulden, gesetzmäßig . . . .
Halbe Gulden, desgleichen . . . .

Auf 1 Köln. Mark Brutto gehen:	Feingehalt.		Auf 1 Köln. Mark fein Silber gehen:	Werth eines Stückes im 13⅓ Thlr. oder 20 Fl. Fuß.	24½ Fl. Fuß.			14 Thlr. Fuß oder in Pr. Courant.		
Stück.	Lth.	Grän.	Stück.	Thlr.	Fl.	Kr.	Pf.	Thl.	Sgr.	Pf.
$8\frac{1}{3}$	13	6	10	1,33333	2	27	—	1	12	—
$43\frac{1}{3}$	8	12	80	0,16667	—	18	1,5	—	5	3
70	7	—	160	0,08333	—	9	0,7	—	2	7,5
$117\frac{7}{9}$	5	16	320	0,04167	—	4	2,4	—	1	3,75
6,3	14	7,2 *	7	1,90476	3	30	—	2	—	—
$10\frac{1}{2}$	12	— *	14	0,95238	1	45	—	1	—	—
$43\frac{3}{4}$	8	6 *	84	0,15873	—	17	2	—	5	—
110	3	12 *	480	0,02778	—	3	0,2	—	—	10,50
—	—	—	—	0,03175	—	3	2	—	1	—
220	3	12 *	960	0,01389	—	1	2,1	—	—	5,25
—	—	—	—	0,01587	—	1	3	—	—	6
$8\frac{1}{3}$	13	6	10	1,33333	2	27	—	1	12	—
35	9	6	60	0,22222	—	24	2	—	7	—
—	—	—	61,25	0,21769	—	24	—	—	6	10,3
96	5	6	288	0,04630	—	5	0,4	—	1	5,5
—	—	—	—	0,05442	—	6	—	—	1	$8\frac{4}{7}$
$19\frac{19}{24}$	15	15	20	0,66667	1	13	2	—	21	—
18,225	12	—	24,3	0,54870	1	—	2	—	17	3,41
59,486	5	10	275	0,04848	—	5	1,4	—	1	6,33
—	—	—	—	0,05442	—	6	—	—	1	$8\frac{4}{7}$
$171\frac{1}{9}$	4	16	560	0,02381	—	2	2,5	—	—	9
—	—	—	—	0,02721	—	3	—	—	—	$10\frac{2}{7}$
320	2	12	1920	0,00694	—	—	3,1	—	—	2,63
—	—	—	—	0,00907	—	1	—	—	—	$3\frac{3}{7}$
22,05	14	7,2 *	24,5	0,54422	1	—	—	—	17	$1\frac{5}{7}$
44,10	14	7,2 *	49	0,27211	—	30	—	—	8	$6\frac{6}{7}$

Silbermünzen.

Sachsen-Meiningen und Hildburghausen.

Scheidemünze, gesetzmäßig:

6 Kreuzerstücke { Realwerth .... / Nominalwerth ....

3 Kreuzerstücke { Realwerth .... / Nominalwerth ....

Nach der Convention vom 30. Juli 1838:

Vereinsmünzen zu 3½ Gulden oder 2 Thaler (1841), gesetzmäßig ..

Nach der Convention vom 27. März 1845:

Zwei-Guldenstücke ....

Sachsen-Weimar und Eisenach.

Aeltere Münzen seit 1763:

Speciesthaler, gesetzmäßig ....

Gulden zu 16 Ggroschen, desgleichen ....

⅓ Thalerstücke, gesetzmäßig ....

⅙ Thalerstücke von 1763, desgleichen ....

Dergleichen, von 1763 und folgenden Jahren, desgleichen ......

1/12 Thalerstücke, desgleichen ....

Scheidemünze, gesetzmäßig:

Groschen à 12 Pfennige { Realwerth .... / Nominalwerth ....

Halbe, nach Verhältniß.

Nach der Münzconvention vom 30. Juli 1838:

Vereinsmünzen oder 2 Thalerstücke = 3½ Gulden (1840), gesetzmäßig .

Ein-Thalerstücke zu 30 Silbergroschen (1841), gesetzmäßig ......

⅙ Thalerstücke zu 5 Silbergroschen, gesetzmäßig ....

Scheidemünze, gesetzmäßig:

Silbergroschen zu 12 Pfennigen { Realwerth .... / Nominalwerth ....

Halbe Silbergroschen zu 6 Pfennigen { Realwerth .... / Nominalwerth ....

Sardinien, Königreich.

Aeltere Münzen:

Piemontesischer Scudo von 1755, Französische Probe ....

" Scudo von 1773, desgleichen ....

" ½ Scudo von 1770, desgleichen ....

" ½ Scudo von 1800, desgleichen ....

¼ und ⅛, nach Verhältniß.

Auf 1 Köln. Mark Brutto gehen:	Feingehalt.		Auf 1 Köln. Mark fein Silber gehen:	Werth eines Stückes im 13⅓ Thlr. oder 20Fl.Fuß.	24½ Fl.Fuß.			14 Thlr.Fuß oder in Pr. Courant.		
Stück.	Lth.	Grän.	Stück.	Thlr.	Fl.	Kr.	Pf.	Thl.	Sgr.	Pf.
90	5	6 *	270	0,04938	—	5	1,8	—	1	6⅔
—	—	—	—	0,05442	—	6	—	—	1	8 4/7
180	5	6 *	540	0,02469	—	2	2,9	—	—	9⅓
—	—	—	—	0,02721	—	3	—	—	—	10 2/7
6,3	14	7,2 *	7	1,90476	3	30	—	2	—	—
11,025	14	7,2 *	12,25	1,08844	2	—	—	1	4	3 3/7
8⅓	13	6	10	1,33333	2	27	—	1	12	—
16⅔	13	6	20	0,66667	1	13	2	—	21	—
33⅓	13	6	40	0,33333	—	36	3	—	10	6
35	7	—	80	0,16667	—	18	1,5	—	5	3
43⅓	8	12	80	0,16667	—	18	1,5	—	5	3
70	7	—	160	0,08333	—	9	0,7	—	2	7,5
110	3	12	480	0,02778	—	3	0,2	—	—	10,50
—	—	—	—	0,04167	—	4	2,4	—	1	3,75
6,3	14	7,2 *	7	1,90476	3	30	—	2	—	—
10½	12	— *	14	0,95238	1	45	—	1	—	—
43¾	8	6 *	84	0,15873	—	17	2	—	5	—
106⅓	3	10 *	480	0,02778	—	3	0,2	—	—	10,50
—	—	—	—	0,03175	—	3	2	—	1	—
213⅓	3	10 *	960	0,01389	—	1	2,1	—	—	5,25
—	—	— *	—	0,01587	—	1	3	—	—	6
6,661	14	8	7,378	1,80717	3	19	0,9	1	26	11,11
6,661	14	9	7,350	1,81406	3	20	—	1	27	1,71
13,342	14	8	14,779	0,90218	1	39	1,9	—	28	5,02
13,302	14	8	14,735	0,90488	1	39	3,0	—	28	6,04

Silbermünzen.

Sardinien, Königreich.

Piemontesische 20 Soldi-Stücke, von 1794 bis 1796, befunden . . . .
" 10 Soldi, nach Verhältniß.
Genuesische Scudi von 8 Lire, von den J. 1792 u. 1796, Franz. Pr.
½, ¼ und ⅛, nach Verhältniß.
Ligurisch-Republikanischer Scudo von 1798, Französische Probe . . .
Sardinischer Scudo von 1773, Französische Probe. . . . .
" ½ Scudo von 1774, desgleichen . . . .
¼, nach Verhältniß.

Neuere Münzen seit 1816:

Neue Scudi zu 5 Lire, gesetzmäßig . . . .
" 2 Lire-Stücke, desgleichen . . . .
" 1 Lira-Stücke, desgleichen . . . .
" ½ Lira oder 50 Centesimi, desgleichen . . . .
" ¼ Lira oder 25 Centesimi, desgleichen . . . .

Schwarzburg-Rudolstadt.

Aeltere Münzen seit 1763:

Speciesthaler, gesetzmäßig . . . .
Halbe Speciesthaler oder Gulden, desgleichen. . . . .
⅙ Thalerstücke, gesetzmäßig . . . .

Neuere Münzen.

Nach der Convention vom 30. Juli 1838:

Vereinsmünzen, Zweithaler- oder 3½ Guldenstücke (1841), gesetzmäßig

Für die Oberherrschaft insbesondere:

Nach den Conventionen vom 25. August 1837 und 27. März 1845, Courant- und Scheidemünzen, wie Sachsen-Meiningen.

Für die Unterherrschaft insbesondere:

Nach der Convention vom 30. Juli 1838, Courant- und Scheidemünzen, wie Königreich Preußen.

Schwarzburg-Sondershausen.

Aeltere Münzen seit 1763:

⅙ Thalerstücke, gesetzmäßig . . . .
1/12 Thalerstücke, desgleichen . . . .

Nach der Convention vom 30. Juli 1838:

Vereinsmünzen oder 2 Thalerstücke = 3½ Gulden (1841), gesetzmäßig
Courant- und Scheidemünzen, wie Königreich Preußen.

Auf 1 Köln. Mark Brutto gehen:	Feingehalt.		Auf 1 Köln. Mark fein Silber gehen:	Werth eines Stückes im 13⅓ Thlr. oder 20 Fl. Fuß.	24½ Fl. Fuß.			14 Thlr. Fuß oder in Pr. Courant.		
Stück.	Lth.	Grän.	Stück.	Thlr.	Fl.	Kr	Pf.	Thl.	Sgr.	Pf.
44,713	4	10	157,041	0,08490	—	9	1,4	—	2	8,09
7,044	14	4	7,925	1,68244	3	5	2,0	1	22	11,96
7,033	14	3	7,943	1,67863	3	5	0,3	1	22	10,52
9,961	14	6	11,119	1,19915	2	12	0,8	1	7	9,28
19,921	14	7	22,152	0,60190	1	6	1,4	—	18	11,52
9,354	14	7,2 *	10,394	1,28284	2	21	1,7	1	10	4,91
23,386	14	7,2 *	25,984	0,51314	—	56	2,3	—	16	1,97
46,771	14	7,2 *	51,968	0,25657	—	28	1,1	—	8	0,98
93,542	14	7,2 *	103,936	0,12828	—	14	0,6	—	4	0,49
187,084	14	7,2 *	207,871	0,06414	—	7	0,2	—	2	0,24
8⅓	13	6	10	1,33333	2	27	—	1	12	—
16⅔	13	6	20	0,66667	1	13	2	—	21	—
43⅓	8	12	80	0,16667	—	18	1,5	—	5	3
6,3	14	7,2 *	7	1,90476	3	30	—	2	—	—
43⅓	8	12	80	0,16667	—	18	1,5	—	5	3
70	7	—	160	0,08333	—	9	0,7	—	2	7,5
6,3	14	7,2 *	7	1,90476	3	30	—	2	—	—

Silbermünzen.

Schweden.

Aeltere Münzen seit 1777:

Speciesthaler à 48 Schillinge, gesetzmäßig . . . .
$\frac{2}{3}$ Speciesthaler à 32 Schillinge, desgleichen . . . .
$\frac{1}{3}$ " à 16 Schillinge, desgleichen . . . .
$\frac{1}{6}$ " à 8 Schillinge, desgleichen . . . .
$\frac{1}{12}$ " à 4 Schillinge, desgleichen . . . .
$\frac{1}{24}$ " à 2 Schillinge, desgleichen . . . .

Neuere Münzen nach den Gesetzen vom 25. Juni 1830 und 23. Mai 1845.

Speciesthaler (48 Schillinge) oder 4 Reichsthaler . . . .
$\frac{1}{2}$ Speciesthaler (24 Schillinge) oder 2 Reichsthaler . . . .
$\frac{1}{4}$ " (12 Schillinge) oder Reichsthaler à 48 Schill. . . . .
$\frac{1}{8}$ " (6 Schillinge) oder $\frac{1}{2}$ Reichsthaler à 24 Schill. . . .
$\frac{1}{12}$ " (4 Schillinge) oder $\frac{1}{3}$ Reichsthaler à 12 Schill. . . .
199 Stück Speciesthaler von den Jahren 1831 bis 1837, befunden .

Schweiz.

Im Allgemeinen, als Helvetische Republik:

40 Batzenstücke vom Jahre 1798, Französische Proben . . . . }
4 Frankenstücke von 1799 und 1801, desgleichen. . . . . }
20 Batzenstücke vom Jahre 1798, desgleichen . . . .
10 Batzenstücke vom Jahre 1799, desgleichen . . . .
5 Batzenstücke vom Jahre 1799, desgleichen . . . .

Nach dem Gesetz vom Jahre 1803:

4 Frankenstücke zu 40 Batzen . . . .
2 Frankenstücke zu 20 Batzen . . . .
1 Frankstücke zu 10 Batzen . . . .
5 Batzenstücke. . . . .
1 Batzenstücke . . . .

Nach dem Münzgesetz v. J. 1818 und dem Münz-Concordat der Kantone Aargau, Basel, Bern, Freiburg, Luzern, Solothurn und Waadt, v. J. 1825:

Schweizer-Franken . . . .

Aargau.

Thaler zu 40 Batzen vom Jahre 1812, Deutsche Proben . . . .
20 Batzenstück vom Jahre 1809, Schweizer Probe . . . .
10 Batzenstück vom Jahre 1809, Deutsche Probe . . . .

Auf 1 Köln. Mark Brutto gehen:	Feingehalt.		Auf 1 Köln. Mark fein Silber gehen:	Werth eines Stückes im 13⅓ Thlr. oder 20 Fl.Fuß.	24½ Fl.Fuß.			14 Thlr.Fuß oder in Pr. Courant.		
Stück	Lth.	Grän.	Stück.	Thlr.	Fl.	Kr.	Pf.	Thl.	Sgr.	Pf.
7,988	14	1	9,093	1,46633	2	41	2,7	1	16	2,27
11,982	14	1	13,640	0,97755	1	47	3,0	1	—	9,50
23,964	14	1	27,280	0,48878	—	53	3,5	—	15	4,75
37,725	11	1	54,597	0,24421	—	26	3,7	—	7	8,31
55,475	8	2	109,430	0,12184	—	13	1,7	—	3	10,06
84,325	6	2	220,778	0,06039	—	6	2,6	—	1	10,83
6,8768	12	—*	9,1690	1,45417	2	40	1,3	1	15	9,68
13,754	12	—*	18,338	0,72709	1	20	0,6	—	22	10,84
27,507	12	—*	36,676	0,36354	—	40	0,3	—	11	5,42
55,014	12	—*	73,352	0,18177	—	20	0,1	—	5	8,71
82,522	12	—*	110,028	0,12118	—	13	1,4	—	3	9,80
6,892	11	17	9,232	1,44425	2	39	0,9	1	15	5,82
7,980	14	7	8,873	1,50269	2	45	2,7	1	17	4,01
15,895	14	7	17,675	0,75436	1	23	0,7	—	23	9,15
29,349	13	4	35,515	0,37543	—	41	1,6	—	11	9,91
48,924	10	12	73,386	0,18169	—	20	0,1	—	5	8,68
7,781	14	7,2	8,646	1,54214	2	50	0,1	1	18	6,93
15,563	14	7,2	17,292	0,77107	1	25	0,0	—	24	3,46
31,125	14	7,2	34,583	0,38554	—	42	2,0	—	12	1,73
51,590	10	12	77,385	0,17230	—	19	0,0	—	5	5,13
76,438	2	12	458,628	0,02907	—	3	0,8	—	—	10,99
—	—	—	35,0787	0,38010	—	41	3,6	—	11	11,68
8,000	14	7	8,896	1,49880	2	45	1,0	1	17	2,55
16,070	14	8	17,800	0,74906	1	22	2,3	—	23	7,15
32,000	14	7	35,583	0,37470	—	41	1,3	—	11	9,64

Silbermünzen.

Schweiz.

Aargau.

5 Batzenstück vom Jahre 1811, befunden. . . . .
1 Batzenstück vom Jahre 1811, Deutsche Probe . . . .
½ Batzenstück vom Jahre 1811, desgleichen . . . .
2 Rappenstück vom Jahre 1814, desgleichen . . . .
1 Rappenstück, nach Verhältniß.

Appenzell.

Neuthaler zu 4 Schweizer Franken vom Jahre 1812, befunden. . . .
Halber Neuthaler zu 2 Schweizer Franken vom Jahre 1812, befunden
Halber Frank vom Jahre 1809, befunden . . . .
Batzenstück vom Jahre 1808, Deutsche Probe . . . .

Basel.

Thaler vom Jahre 1756, Französische Probe. . . . .
Thaler vom Jahre 1765, desgleichen. . . . .
Halbe, nach Verhältniß.
Neu-Thaler vom Jahre 1795, Französische Probe. . . . .
⅓ Thaler zu 10 Batzen vom Jahre 1766, Französische Probe. . . . .
5 Batzenstück vom Jahre 1810, Deutsche Probe . . . .
3 Batzenstück vom Jahre 1809, befunden. . . . .
1 Batzenstück vom Jahre 1810, Deutsche Probe . . . .
½ Batzenstück vom Jahre 1809, Deutsche Probe . . . .
2 Rappenstück vom Jahre 1810, Deutsche Probe. . . . .
1 Rappenstück vom Jahre 1810, desgleichen . . . .

Bern.

Neu-Thaler (4 Schweizer-Franken) v. d. J. 1795 u. 1798, Franz. Pr.
Halbe, nach Verhältniß.
10 Batzen oder 1 Frank von 1797, Französische Probe . . . .
5 Batzen oder ½ Frank von 1798, Französische Probe . . . .
5 Batzenstück von 1810, befunden . . . .
2½ Batzenstück oder ¼ Frank von 1797, Französische Probe . . . . .
1 Batzenstück von 1798, Deutsche Probe . . . .
½ Batzenstück von 1798, desgleichen . . . .
In den Jahren 1814 bis 1830 gemünzt:
Neu-Thaler oder 4 Frankenstücke. . . . .
Halbe Neu-Thaler oder 2 Frankenstücke . . . .
Franken. . . . .

Auf 1 Köln. Mark Brutto gehen:	Feingehalt.		Auf 1 Köln. Mark fein Silber gehen:	Werth eines Stückes im 13⅓ Thlr. oder 20 Fl. Fuß.	24½ Fl. Fuß			14 Thlr. Fuß oder in Pr. Courant.		
Stück.	Lth.	Grän.	Stück.	Thlr.	Fl.	Kr.	Pf.	Thl.	Sgr.	Pf.
56,437	10	11	85,099	0,15668	—	17	1,1	—	4	11,22
78,770	2	12	472,620	0,02821	—	3	0,4	—	—	10,66
115,380	1	6	1384,563	0,00963	—	1	0,2	—	—	3,64
186,182	—	11	4874,578	0,00274	—	—	1,2	—	—	1,03
7,812	14	7½	8,670	1,53787	2	49	2,2	1	18	5,31
15,610	14	7	17,358	0,76814	1	24	2,7	—	24	2,36
51,447	10	13	76,771	0,17368	—	19	0,6	—	5	5,65
89,043	2	9	569,878	0,02340	—	2	2,3	—	—	8,84
9,059	13	9	10,737	1,24181	2	16	3,6	1	9	1,40
10,083	13	6	12,100	1,10193	2	1	2,0	1	4	8,53
9,059	13	8	10,781	1,23674	2	16	1,4	1	8	11,49
27,010	12	—	36,013	0,37024	—	40	3,3	—	11	7,95
52,852	10	10	80,112	0,16643	—	18	1,4	—	5	2,91
58,824	7	3½	130,821	0,10192	—	11	0,9	—	3	2,53
91,022	2	11	557,753	0,02390	—	2	2,5	—	—	9,04
128,000	1	7	1474,560	0,00904	—	1	0,0	—	—	3,42
170,667	—	10½	4681,143	0,00285	—	—	1,3	—	—	1,08
381,023	—	10½	10450,924	0,00128	—	—	0,6	—	—	0,48
7,947	14	8	8,803	1,51463	2	47	—	1	17	8,53
29,349	13	6	35,219	0,37858	—	41	3,0	—	11	11,10
57,177	12	—	76,236	0,17490	—	19	1,1	—	5	6,11
51,282	10	13	76,524	0,17424	—	19	0,8	—	5	5,86
104,821	12	—	139,761	0,09540	—	10	2,1	—	3	0,06
89,043	2	11	545,628	0,02444	—	2	2,8	—	—	9,24
124,121	1	9	1323,960	0,01007	—	1	0,4	—	—	3,8
7,930	14	7½	8,801	1,51498	2	47	0,1	1	17	8,66
15,861	14	7½	17,602	0,75749	1	23	2,0	—	23	10,33
30,575	13	6	36,690	0,36340	—	40	0,2	—	11	5,35

Silbermünzen.

Schweiz.

Bern.

Fünf-Batzen-Stücke . . . .
Zehn-Kreuzer-Stücke . . . .
Batzen . . . .
Halbe Batzen . . . .
Kreuzer . . . .
Rappen . . . .

Freiburg.

$\frac{1}{4}$ Thaler vom Jahre 1797, Französische Probe . . . .
$\frac{1}{8}$ Thaler vom Jahre 1798, desgleichen. . . . .
$\frac{1}{16}$ Thaler vom Jahre 1787, desgleichen . . . .
$\frac{1}{32}$ Thaler vom Jahre 1795, desgleichen. . . . .

Genf.

Patagon oder 3 Livres-Thaler vom Jahre 1723, Französische Probe
Halbe Livres zu 21 Sols, Französische Proben . . . .
Große Thaler von 1794 und 1796, dergleichen . . . .
Halbe Thaler von 1795, dergleichen . . . .
15 Sols-Stücke, dergleichen . . . .
6 Sols-Stücke, dergleichen. . . . .
25 Centimes-Stücke von den Jahren 1839 u. 1844, befunden . . . .
10 Centimes-Stücke von den Jahren 1839 u. 1844, befunden . . . .

Glarus.

Ein 15 Schilling- oder 45 Rappenstück von 1814, befunden . . . . .
Ein 3 Schilling- oder 9 Rappenstück von 1809, Deutsche Probe .

Graubündten.

Ein 4 Schweizer-Frankenstück vom Jahre 1842 (Eidgen. Freischießen), befunden . . . .
Ein 5 Schweizer-Batzenstück vom Jahre 1807, befunden . . . .
Ein 1 Schweizer-Batzenstück vom Jahre 1820, Deutsche Probe . . .
Ein $\frac{1}{2}$ Schweizer-Batzenstück vom Jahre 1807, desgleichen. . . . . .

Luzern.

Neu-Thaler zu 40 Batzen vom Jahre 1796, Schweizer Probe. . . .
Neu-Thaler zu 40 Batzen vom Jahre 1814, Schweizer Probe. . . .
Schweizer-Thaler zu 40 Batzen vom Jahre 1817, befunden . . . . .
Halber Thaler zu 20 Batzen vom Jahre 1795, Französische Probe. .

Auf 1 Köln. Mark Brutto gehen	Feingehalt.		Auf 1 Köln. Mark fein Silber gehen:	Werth eines Stückes im 13⅓ Thlr. oder 20 Fl. Fuß.	24½ Fl. Fuß.			14 Thlr. Fuß oder in Pr. Courant.		
Stück.	Lth.	Grän.	Stück.	Thlr.	Fl.	Kr.	Pf.	Thl.	Sgr.	Pf.
51,595	10	12	77,392	0,17228	—	19	0,0	—	5	5,12
108,924	12	—	145,232	0,09181	—	10	0,5	—	2	10,70
85,993	2	12	515,958	0,02584	—	2	3,4	—	—	9,77
114,657	1	9	1223,008	0,01090	—	1	0,8	—	—	4,12
229,314	1	9	2446,016	0,00545	—	—	2,4	—	—	2,06
343,971	—	12	8255,304	0,00161	—	—	0,7	—	—	0,61
21,902	10	16	32,182	0,41431	—	45	2,7	—	13	0,61
47,862	10	14	71,053	0,18765	—	20	2,8	—	5	10,93
93,692	11	8	130,987	0,10179	—	11	0,9	—	3	2,48
176,096	10	9	268,337	0,04969	—	5	1,9	—	1	6,78
8,650	13	8	10,294	1,29525	2	22	3,2	1	10	9,60
49,000	11	16	65,944	0,20219	—	22	1,2	—	6	4,43
7,697	13	16	8,867	1,50370	2	45	3,1	1	17	4,40
15,502	13	16	17,858	0,74663	1	22	1,3	—	23	6,23
73,378	11	15	99,215	0,13439	—	14	3,3	—	4	2,80
84,67	3	14	358,60	0,03718	—	4	0,4	—	1	2,05
60,151	3	17	244,000	0,05464	—	6	0,1	—	1	8,65
78,431	1	16	664,356	0,02007	—	2	0,9	—	—	7,59
60,037	10	6	146,724	0,09087	—	10	0,1	—	2	10,35
105,026	2	10	657,552	0,02028	—	2	0,9	—	—	7,66
8,261	14	2	9,367	1,42344	2	36	3,7	1	14	10,06
48,781	10	12	73,172	0,18222	—	20	0,4	—	5	8,88
93,091	2	12	558,546	0,02387	—	2	2,5	—	—	9,01
122,269	1	8	1354,360	0,00984	—	1	0,3	—	—	3,72
7,976	14	7	8,869	1,50336	2	45	3,0	1	17	4,27
8,320	14	8	9,216	1,44676	2	39	2,0	1	15	6,87
7,952	14	2	9,016	1,47885	2	43	0,2	1	16	7,00
15,288	13	6	18,346	0,72677	1	20	0,5	—	22	10,72

Silbermünzen.

Schweiz.

Luzern.

Gulden zu 40 Schillingen vom Jahre 1793, Englische Probe . . . .
5 Batzenstück vom Jahre 1813, befunden. . . . .
1 Batzenstück vom Jahre 1813, Deutsche Probe . . . .

Neuenburg und Valendis.

21 Batzenstücke von den Jahren 1796 und 1799, Französische Proben
14, 10½ und 7 Batzenstücke, nach Verhältniß.

Sanct-Gallen.

Convent.-Speciesthaler, gesetzmäßig . . . .
Dergleichen vom Jahre 1780, Französische Proben . . . .
½ Speciesthaler, gesetzmäßig . . . .
Dergleichen vom Jahre 1782, Französische Proben . . . .
24 Kreuzerstücke, gesetzmäßig . . . .
6 Kreuzerstück, desgleichen . . . .
5 Batzenstück vom Jahre 1817, Deutsche Probe . . . .
1 Batzenstück vom Jahre 1814, desgleichen . . . .
½ Batzenstück vom Jahre 1813, desgleichen . . . .
1 Kreuzerstück vom Jahre 1813, desgleichen . . . .

Schaffhausen.

1 Batzenstück vom Jahre 1809, Deutsche Probe . . . .
½ Batzenstück vom Jahre 1809, desgleichen. . . . .

Schwyz.

4 Batzenstück vom Jahre 1811, befunden. . . . .

Solothurn.

4 Frankenstück vom Jahre 1813, befunden . . . .
20 Batzenstücke vom Jahre 1798, Französische Proben. . . . .
Dergleichen vom Jahre 1798, Schweizer Proben . . . .
Halbe, nach Verhältniß.
5 Batzenstücke, ältere Angabe . . . .
1 Batzenstück vom Jahre 1811, Deutsche Probe . . . .

Tessin.

Ein Franco vom Jahre 1813, befunden . . . .

Thurgau.

5 Schweitzer-Batzenstück vom Jahre 1808, Deutsche Probe. . . . . .

Auf 1 Köln. Mark Brutto gehen:	Feingehalt.		Auf 1 Köln. Mark fein Silber gehen:	Werth eines Stückes im 13⅓ Thlr. oder 20 Fl. Fuß.	24½ Fl. Fuß.			14 Thlr. Fuß oder in Pr. Courant.		
Stück.	Lth.	Grän.	Stück.	Thlr.	Fl.	Kr	Pf.	Thl.	Sgr.	Pf
30,587	13	2½	37,247	0,35797	—	39	1,9	—	11	3,31
54,795	10	13	81,767	0,16306	—	17	3,9	—	5	1,64
93,091	2	7	623,493	0,02138	—	2	1,4	—	—	8,08
15,288	12	13	19,227	0,69347	1	16	1,8	—	21	10,13
8⅓	13	6	10,000	1,33333	2	27	—	1	12	—
8,418	13	6	10,101	1,32000	2	25	2,1	1	11	6,96
16⅔	13	6	20,000	0,66667	1	13	2	—	21	—
16,677	13	6	20,012	0,66627	1	13	1,8	—	20	11,85
35	9	6	60,000	0,22222	—	24	2	—	7	—
105	7	—	240,000	0,05555	—	6	0,5	—	1	9
52,513	10	14	77,957	0,17103	—	18	3,4	—	5	4,65
89,043	2	9	569,878	0,02340	—	2	2,3	—	—	8,84
136,533	1	11	1355,917	0,00983	—	1	0,3	—	—	3,72
273,067	1	9	2912,711	0,00458	—	—	2,0	—	—	1,73
108,503	2	13	637,734	0,02091	—	2	1,2	—	—	7,90
115,380	1	9	1230,723	0,01083	—	1	0,8	—	—	4,08
46,921	7	16½	94,830	0,14060	—	15	2,0	—	4	5,15
7,877	14	8½	8,709	1,53098	2	48	3,2	1	18	2,71
15,448	13	6	18,539	0,71920	1	19	1,2	—	22	7,86
15,395	13	8	18,321	0,72776	1	20	0,9	—	22	11,09
55,000	12	—	73,333	0,18182	—	20	0,2	—	5	8,73
89,043	2	11	545,628	0,02444	—	2	2,8	—	—	9,24
31,250	14	8½	34,549	0,385 3	—	42	2,2	—	12	1,88
52,013	10	13½	77,414	0,17223	—	18	3,9	—	5	5,10

Silbermünzen.

Schweiz.

Thurgau.

1 Schweizer-Batzenstück vom Jahre 1808, Deutsche Probe . . . . . .
½ Schweizer-Batzenstück vom Jahre 1808, desgleichen . . . .
1 Kreutzerstück vom Jahre 1808, desgleichen . . . .

Waadt.

1 Batzenstücke von 1817 und 1818, befunden . . . .
½ Batzenstück vom Jahre 1810, Deutsche Probe . . . .

Zürich.

Thaler von den Jahren 1773 und 1776, Französische Proben. . . . .
Halbe, nach Verhältniß.
Thaler von den Jahren 1790 und 1794, Französische Proben . . . .
½ Thaler oder Gulden von 1786, dergleichen . . . .
Neu-Thaler zu 40 Batzen vom Jahre 1813, Deutsche Probe. . . . .
½ Gulden oder 20 Schillinge vom Jahre 1780, Französische Probe. .
½ Gulden oder 20 Schillinge vom Jahre 1798, Französische Probe. .
Desgleichen zu 8 Batzen vom Jahre 1810, Deutsche Probe . . . . .
10 Schillingstück oder 4 Batzen vom Jahre 1811, Deutsche Probe. .

Sicilien (Königreich beider).

Aeltere Münzen von Neapel:

Ducato zu 100 Grani von 1784, Französische Probe . . . .
½ Ducato zu 50 Grani von 1784, desgleichen . . . .
12 Carlini-Stücke zu 120 Grani von den Jahren 1786, 1796, 1799 und 1797, Französische Proben . . . .
Halbe, nach Verhältniß.
12 Carlini-Stück vom Jahre 1791, Französische Probe. . . . .
12 Carlini-Stück vom Jahre 1805, Englische Probe . . . .
12 Carlini-Stück vom Jahre 1807, Schweizer Probe. . . . .

Unter König Joachim (1809—1813):

5 Lire-Stücke, gesetzmäßig . . . .
1 Lira-Stücke, desgleichen . . . .
Doppelte und halbe, nach Verhältniß.

Aeltere Münzen der Insel Sicilien:

12 Tari-Stück von den Jahren 1785 und 1798, Französische Proben
6 Tari-Stück vom Jahre 1785, Französische Probe . . . .
40 Grani-Stück vom Jahre 1785, desgleichen. . . . .

Auf 1 Köln. Mark Brutto gehen:	Feingehalt.		Auf 1 Köln. Mark fein Silber gehen:	Werth eines Stückes im 13⅓ Thlr. oder 20 Fl. Fuß.	24½ Fl. Fuß.			14 Thlr. Fuß oder in Pr. Courant.		
Stück.	Lth.	Grän.	Stück.	Thlr.	Fl.	Kr.	Pf.	Thl.	Sgr.	Pf.
92,045	2	5½	638,770	0,02087	—	2	1,2	—	—	7,89
122,269	1	5½	1498,441	0,00890	—	—	3,9	—	—	3,36
240,941	1	4½	3084,047	0,00432	—	—	1,9	—	—	1,63
92,486	2	9	591,910	0,02253	—	2	1,9	—	—	8,51
113,778	1	6	1365,333	0,00977	—	1	0,3	—	—	3,69
8,805	13	10	10,393	1,28291	2	21	1,8	1	10	4,94
9,250	13	9	10,963	1,21621	2	14	0,3	1	8	3,73
18,344	13	8	21,831	0,61075	1	7	1,3	—	19	2,86
7,961	14	—	9,098	1,46552	2	41	2,3	1	16	1,97
31,500	12	—	42,000	0,31746	—	35	—	—	10	—
31,449	11	9	43,755	0,30473	—	33	2,4	—	9	7,18
31,752	10	17	46,419	0,28724	—	31	2,7	—	9	0,58
49,951	8	2	98,534	0,13531	—	14	3,7	—	4	3,15
10,287	13	8	12,242	1,08915	2	—	0,3	1	4	3,70
20,669	13	8	24,598	0,54205	—	59	3,0	—	17	0,89
8,500	13	6	10,200	1,30719	2	24	0,5	1	11	2,12
9,627	13	8	11,457	1,16377	2	8	1,2	1	6	7,91
8,467	13	6	10,160	1,31234	2	24	2,7	1	11	4,06
8,500	13	6	10,200	1,30719	2	24	0,5	1	11	2,12
9,354	14	7,2	10,394	1,28284	2	21	1,7	1	10	4,91
46,771	14	7,2	51,968	0,25657	—	28	1,1	—	8	0,98
8,566	13	4	10,365	1,28638	2	21	3,3	1	10	6,25
17,198	13	5	20,724	0,64338	1	10	3,7	—	20	3,19
25,597	13	6	30,716	0,43408	—	47	3,4	—	13	8,08

Silbermünzen.

Sicilien (Königreich beider).

Neuere Münzen des Königreichs nach dem Gesetz vom 20. April 1818:

Scudi oder Piaster zu 12 Carlini oder 120 Grani, gesetzmäßig . . .
1 Scudo von Neapel vom Jahre 1825, Oesterreichische Probe . . . .
Scudi von Sicilien, Oesterreichische Proben . . . .
Ducati zu 10 Carlini oder 100 Grani, gesetzmäßig . . . .
Ducato zu 10 Carlini vom Jahre 1818, Englische Probe . . . .
½ Scudi zu 6 Carlini oder 60 Grani, gesetzmäßig . . . .
½ Scudo von Neapel vom Jahre 1826, Oesterreichische Probe . . . .
½ Scudi von Sicilien, Oesterreichische Proben . . . .
2 Carlini zu 20 Grani, gesetzmäßig . . . .
Carlini zu 10 Grani, desgleichen . . . .

Spanien.

Aeltere Münzen von 1728 bis 1772:

Piaster zu 8 Reales de Plata mexicana, gesetzmäßig . . . .
½, ¼, ⅛ und $\frac{1}{16}$, nach Verhältniß.
Piaster mit 2 Globen von 1748, Französische Proben . . . .
Piaster mit 2 Globen von 1740 und 1765, dergleichen . . . .
Halbe, nach Verhältniß.
Peruanische Piaster vom Jahre 1744 . . . .
⅛ Piaster oder 1 Real, Französische Probe . . . .
2 Reales, nach Verhältniß.

Provinzialmünzen seit 1707:

Pesetas provinciales zu 4 Reales de Vellon, gesetzmäßig . . . . . .
Peseta provincial von 1770, Französische Probe . . . .
½ Pesetas provinciales, Reales de Plata nueva, zu 2 Reales de Vellon, gesetzmäßig . . . .
¼ Pesetas oder 1 Reales de Vellon, gesetzmäßig . . . .

Münzen, nach dem Gesetz vom 29. Mai 1772:

Piaster, Pesos duros zu 8 Reales de Plata mexicana oder 20 Reales de Vellon, gesetzmäßig . . . .
½ Piaster oder Escudos à 10 Reales de Vellon, desgleichen. . . . .
¼ Piaster oder Pesetas columnarias à 5 Reales de Vellon, gesetzmäßig
⅛ Piaster oder ½ Pesetas columnarias à 2½ Reales de Vellon, gesetzm.
$\frac{1}{16}$ Piaster ¼ Pesetas columnarias, desgleichen . . . .
Piaster, in großen eingeschmolzenen Summen durchschnittlich befunden . . . .

Auf 1 Köln. Mark Brutto gehen:	Feingehalt.		Auf 1 Köln. Mark fein Silber gehen:	Werth eines Stückes im						
				13⅓ Thlr. oder 20Fl.Fuß.	24½ Fl.Fuß.			14 Thlr.Fuß oder in Pr. Courant.		
Stück.	Lth.	Grän.	Stück.	Thlr.	Fl.	Kr.	Pf.	Thl.	Sgr.	Pf.
8,494	13	6	10,193	1,30809	2	24	0,9	1	11	2,46
8,581	13	6	10,297	1,29484	2	22	3,0	1	10	9,48
8,475	13	4	10,255	1,30018	2	23	1,8	1	10	11,47
10,193	13	6	12,231	1,09013	2	—	0,7	1	4	4,07
10,196	13	6	12,235	1,08977	2	—	0,6	1	4	3,93
16,988	13	6	20,386	0,65404	1	12	0,4	—	20	7,23
17,163	13	6	20,595	0,64741	1	11	1,5	—	20	4,72
16,992	13	5	20,476	0,65117	1	11	3,2	—	20	6,14
50,963	13	6	61,156	0,21802	—	24	0,1	—	6	10,41
101,926	13	6	122,311	0,10901	—	12	0,0	—	3	5,20
8,641	14	12	9,427	1,41438	2	35	3,7	1	14	6,63
8,644	14	8	9,575	1,39251	2	33	2,1	1	13	10,37
8,667	14	9	9,565	1,39397	2	33	2,7	1	13	10,92
8,713	14	8	9,651	1,38155	2	32	1,3	1	13	6,23
69,891	14	9	77,121	0,17289	—	19	0,2	—	5	5,35
38,121	13	6	45,745	0,29147	—	32	0,5	—	9	2,17
40,030	13	—	49,268	0,27063	—	29	3,3	—	8	6,30
76,242	13	6	91,490	0,14574	—	16	0,3	—	4	7,09
152,484	13	6	182,980	0,07287	—	8	0,1	—	2	3,54
8,641	14	8	9,5715	1,39302	2	33	2,3	1	13	10,56
17,282	14	8	19,143	0,69651	1	16	3,2	—	21	11,28
34,564	14	8	38,286	0,34826	—	38	1,6	—	10	11,64
69,128	14	8	76,572	0,17413	—	19	0,8	—	5	5,82
138,256	14	8	153,145	0,08706	—	9	2,4	—	2	8,91
8⅔	14	6	9,6744	1,37821	2	31	3,8	1	13	4,96

Silbermünzen.

Spanien.

Piaster von den J. 1778, 1788, 1798, 1800 u. 1801, Französ. Proben .
Piaster neuerer Zeit, nach Englischen Proben . . . .
Halbe, nach Verhältniß.
Piaster vom Jahre 1815, befunden . . . .
Piaster vom Jahre 1821, befunden . . . .
¼ Piaster oder Peseta mexicana von 1774, Französische Probe . . .
⅛ Piaster oder Real de Plata mexicana von 1775, Französische Probe

Provinzialmünzen:

Pesetas provinciales zu 4 Reales de Vellon, gesetzmäßig . . . . . .
Dergleichen, nach Französischen Proben . . . .
½ Pesetas provincial., Reales de plata nueva oder 2 Reales de Vellon, gesetzmäßig . . . .
Dergleichen, nach Französischen Proben . . . .
¼ Pesetas provinciales oder 1 Reales de Vellon, gesetzmäßig . . . .
Dergleichen, nach Französischen Proben . . . .

Neueste Münzen, nach dem Gesetz vom 31. Mai 1847:

20 Realen-Stücke (Duros) . . . .
4 Realen-Stücke (Pesetas) . . . .
2 Realen-Stücke (medias Pesetas) . . . .
1 Real-Stücke . . . .

Südamerikanische Freistaaten.

Bolivia, Chile, Columbien (jetzt Ecuador, Neu-Granada, Venezuela), Mittel-Amerika, Peru, Nord- und Süd-Peru, Rio de la Plata.

Pesos, Piaster, zu 8 Reales mexic., gesetzmäßig . . . .
½, ¼ und ⅛, nach Verhältniß.
Pesos oder Piaster, nach gewöhnlicher Annahme . . . .
Große Summen gemischter Süd-Amerikanischer und Mexikanischer Piaster von den letzten Jahren bis zum Jahre 1841, befunden . .

Bolivia.

Ein Piaster vom Jahre 1827, befunden . . . .
9 Piaster von den Jahren 1834 bis 1838, befunden . . . .
20 Piaster vom Jahre 1840, befunden . . . .

Chile.

1 Piaster vom Jahre 1823, befunden . . . .
Piaster bis 1839, im Durchschnitt nach Nordamerik. Untersuchungen .

Auf 1 Köln. Mark Brutto gehen:	Feingehalt.		Auf 1 Köln. Mark fein Silber gehen:	Werth eines Stückes im 13⅓ Thlr. oder 20 Fl. Fuß.	24½ Fl. Fuß.			14 Thlr. Fuß oder in Pr. Courant.		
Stück.	Lth.	Grän.	Stück.	Thlr.	Fl.	Kr.	Pf.	Thl.	Sgr.	Pf.
8,667	14	6	9,6748	1,37815	2	31	3,8	1	13	4,94
8,676	14	4,8	9,730	1,37033	2	31	0,3	1	13	1,98
8,600	14	6	9,600	1,38885	2	33	0,5	1	13	9,00
8,672	14	6½	9,662	1,37997	2	32	0,6	1	13	5,63
34,671	14	5	38,853	0,34318	—	37	3,3	—	10	9,72
69,891	14	5	78,321	0,17024	—	18	3,1	—	5	4,35
39,646	13	—	48,795	0,27325	—	30	0,5	—	8	7,29
40,770	12	16	50,611	0,26345	—	29	0,2	—	8	3,58
79,293	13	—	97,591	0,13663	—	15	0,3	—	4	3,64
80,060	12	16	99,385	0,13416	—	14	3,2	—	4	2,71
158,586	13	—	195,183	0,06831	—	7	2,1	—	2	1,82
163,991	12	16	203,575	0,06550	—	7	0,9	—	2	0,76
9,354	14	7,2*	10,394	1,28284	2	21	1,7	1	10	4,91
46,771	14	7,2*	51,968	0,25657	—	28	1,1	—	8	0,98
93,542	14	7,2*	103,936	0,12828	—	14	0,6	—	4	0,49
187,084	14	7,2*	207,871	0,06414	—	7	0,2	—	2	0,24
8,641	14	8	9,5715	1,39302	2	33	2,3	1	13	10,56
8⅔	14	6	9,6744	1,37821	2	31	3,8	1	13	4,96
8,6654	14	6	9,6730	1,37841	2	31	3,9	1	13	5,04
8,662	14	6½	9,651	1,38155	2	32	1,3	1	13	6,23
8,681	14	6	9,690	1,37599	2	31	2,8	1	13	4,12
8,660	14	6	9,667	1,37926	2	32	0,3	1	13	5,36
8,667	14	8½	9,582	1,39150	2	33	1,6	1	13	9,98
8,718	14	8	9,657	1,38069	2	32	0,9	1	13	5,91

Silbermünzen.

Südamerikanische Freistaaten.

Mittel-Amerika.

1 Piaster vom Jahre 1826, befunden . . . .
1 Piaster vom Jahre 1829, befunden. . . . .
Piaster von 1824 bis 1836, im Durchschnitt nach Nordamerik. Unters.

Peru.

1 Piaster vom Jahre 1828, befunden . . . .
10 Piaster von den Jahren 1831 bis 1836, befunden . . . .
100 neue Piaster von den Jahren 1840 und 1841, befunden . . . . .
Nord-Peru: 250 Piaster vom Jahre 1840, befunden . . . .
18 Piaster von den Jahren 1837 bis 1840, befunden.
Süd-Peru: 50 Piaster von den Jahren 1839 bis 1840, befunden. .

Rio de la Plata oder Argentina.

1 Piaster vom Jahre 1813, befunden. . . . .
7 Piaster von den Jahren 1838 und 1839, befunden . . . .

Columbien.

Piaster von 8 Reales de plata von 1819 bis 1821, nach Nordamer. Untersuchungen . . . .
Piaster von 8 Reales de plata (Cundinamarca) v. J. 1821, befunden
2 Realenstücke von 1815 bis 1821 (Carracas und Cundinamarca), nach Nordamerik. Untersuchungen . . . .
Piaster von 8 Reales de plata von 1835 bis 1836 (Bogota), nach Nordamerik. Untersuchungen . . . .

Neu-Granada.

Piaster von 8 R. d. pl. von 1839 (Bogota), nach Nordamer. Unters.

Toscana.

Neuere und ältere, gesetzlich bestehende, Münzen:

Dene (10 Lire), gesetzmäßig . . . .
Halbe Dene (5 Lire), desgleichen . . . .
10 Paoli oder 4 Fiorini (Francesconi), gesetzmäßig . . . .
Francesconi von den Jahren 1747, 1763, 1767 u. 1770, Franz. Proben
Francesconi v. d. J. 1769, 1780, 1784, 1786, 1790 u. 1795, Fr. Proben
Francescone vom Jahre 1826, befunden . . . .
5 Paoli (Franceschino), gesetzmäßig. . . . .
Ein Stück vom Jahre 1820, befunden . . . .
2 Paoli, gesetzmäßig . . . .

Auf 1 Köln. Mark Brutto gehen:	Feingehalt.		Auf 1 Köln. Mark fein Silber gehen:	Werth eines Stückes im 13⅓ Thlr. oder 20 Fl. Fuß	24½ Fl. Fuß.			14 Thlr. Fuß oder in Pr. Courant.		
Stück.	Lth.	Grän.	Stück.	Thlr.	Fl.	Kr	Pf.	Thl.	Sgr.	Pf.
8,672	14	7	9,643	1,38269	2	32	1,8	1	13	6,66
8,667	14	3½	9,769	1,36486	2	30	1,9	1	12	11,92
8,697	14	4¾	9,755	1,36682	2	30	2,7	1	13	0,64
8,667	14	6	9,675	1,37812	2	31	3,7	1	13	4,93
8,505	14	6	9,494	1,40440	2	34	3,3	1	14	2,86
8,625	14	7	9,590	1,39033	2	33	1,1	1	13	9,55
8,636	14	6½	9,622	1,38571	2	32	3,1	1	13	7,80
8,744	14	6½	9,742	1,36864	2	30	3,6	1	13	1,35
8,695	14	7	9,669	1,37898	2	32	0,1	1	13	5,25
8,691	14	6	9,701	1,37443	2	31	2,1	1	13	3,53
8,700	14	8½	9,618	1,38629	2	32	3,4	1	13	8,02
9,943	11	10¾	13,718	0,97196	1	47	0,6	1	0	7,40
9,679	12	1	12,846	1,03794	1	54	1,7	1	2	8,34
48,774	10	17	71,304	0,18699	—	20	2,5	—	5	10,68
8,655	14	8¾	9,559	1,39484	2	33	3,1	1	13	11,25
10,138	10	14	15,050	0,88594	1	37	2,7	—	27	10,88
5,9284	15	6	6,186	2,15540	3	57	2,5	2	7	10,74
11,8717	15	6	12,388	1,07631	1	58	2,6	1	3	10,85
8,501	14	12	9,274	1,43771	2	38	2,0	1	15	3,45
8,562	14	11	9,376	1,42207	2	36	3,1	1	14	9,54
8,553	14	11	9,344	1,42694	2	37	1,3	1	14	11,38
8,556	14	11½	9,352	1,42572	2	37	0,7	1	14	10,92
17,002	14	12	18,548	0,71885	1	19	1,0	—	22	7,73
17,185	14	11½	18,738	0,70986	1	18	1,1	—	22	4,33
42,505	14	12	46,369	0,28755	—	31	2,8	—	9	0,70

Silbermünzen.

Toscana.

Paoli gesetzmäßig . . . .
Halbe Paoli, desgleichen . . . .
Lire ($1\frac{1}{2}$ Paoli), desgleichen . . . .
Lira vom Jahre 1823, befunden . . . .
Halbe Lire, gesetzmäßig . . . .
Fiorini zu 100 Quattrini, gesetzmäßig . . . .
Fiorino vom Jahre 1826, befunden . . . .
$\frac{1}{2}$ Fiorino, gesetzmäßig . . . .
$\frac{1}{4}$ Fiorino, gesetzmäßig . . . .
2 Crazie, desgleichen . . . .
Crazie, desgleichen . . . .
Soldi, desgleichen . . . .
Quattrini, desgleichen . . . .

Münzen des ehemaligen Königreichs Etrurien:

10 Paoli-Stück vom Jahre 1801, Französische Probe . . . .
10 Paoli-Stück vom Jahre 1803, desgleichen . . . .
10 Lire-Stück vom Jahre 1803, desgleichen . . . .
5 Lire-Stück, nach Verhältniß.
1 Lira-Stück vom Jahre 1803, Französische Probe . . . .

Tripolis.

Nach Nordamerikanischen Untersuchungen.

Unter Pascha Yussuf:

Gersch oder Piaster zu 100 Paras vom Jahre 1832 . . . .
$\frac{1}{2}$ Gersch vom Jahre 1832 . . . .
$\frac{1}{4}$ und $\frac{1}{8}$, nach Verhältniß.

Unter Pascha Nedgib:

Yuslik zu 120 Paras vom Jahre 1835 . . . .
Altmisch zu 60 Paras vom Jahre 1835 . . . .
Butletin zu 30 Paras vom Jahre 1835 . . . .
15 und $7\frac{1}{2}$ Paras-Stücke, nach Verhältniß.

Türkei.

$2\frac{1}{2}$ Piaster von 100 Paras, Yuslik oder Yuspara vom Jahre 1789, Englische Probe . . . .
2 Piaster von 80 Paras, Ikilik, vom Jahre 1789, Englische Probe .
Piaster von 40 Paras, vom Jahre 1801, Englische Probe . . . .

Auf 1 Köln. Mark Brutto gehen:	Feingehalt.		Auf 1 Köln. Mark fein Silber gehen:	13⅓ Thlr. oder 20Fl.Fuß.	24½ Fl.Fuß.			14 Thlr.Fuß oder in Pr. Courant.		
Stück.	Lth.	Grän.	Stück.	Thlr.	Fl.	Kr.	Pf.	Thl.	Sgr.	Pf.
85,403	14	12	93,167	0,14311	—	15	3,1	—	4	6,10
170,020	14	12	185,476	0,07188	—	7	3,7	—	2	3,18
57,356	14	12	62,570	0,21309	—	23	2,0	—	6	8,55
59,259	14	12	64,646	0,20625	—	22	3,0	—	6	5,96
116,111	14	12	126,667	0,10526	—	11	2,4	—	3	3,79
34,004	14	12	37,095	0,35943	—	39	2,5	—	11	3,86
34,261	14	12	37,376	0,35673	—	39	1,3	—	11	2,85
68,008	14	12	74,190	0,17971	—	19	3,3	—	5	7,93
136,016	14	12	148,380	0,08985	—	9	3,6	—	2	9,97
117,774	4	16	385,442	0,03459	—	3	3,3	—	1	1,08
56,476	—	16	1016,568	0,01312	—	1	1,8	—	—	4,96
101,933	—	16	1834,794	0,00727	—	—	3,2	—	—	2,75
237,614	—	6	11405,472	0,00117	—	—	0,5	—	—	0,44
8,562	14	10	9,412	1,41663	2	36	0,7	1	14	7,48
8,562	14	11	9,376	1,42207	2	36	3,1	1	14	9,54
5,950	15	5	6,231	2,13984	3	55	3,7	2	7	4,86
59,520	15	4½	62,447	0,21351	—	23	2,2	—	6	8,71
23,590	3	15½	97,754	0,13640	—	15	0,1	—	4	3,56
46,273	3	15	193,139	0,06903	—	7	2,4	—	2	2,09
15,900	3	16	65,417	0,20382	—	22	1,9	—	6	5,04
31,114	4	2½	120,280	0,11085	—	12	0,8	—	3	5,90
63,320	3	15	264,292	0,05045	—	5	2,2	—	1	7,07
7,400	7	9,6	15,717	0,84834	1	33	2,1	—	26	8,67
8,873	7	6	19,359	0,68874	1	15	3,7	—	21	8,34
18,229	7	13	37,769	0,35302	—	38	3,7	—	11	1,44

Silbermünzen.

Türkei.

$\frac{1}{2}$ Piaster, Jerimischlik, Englische Probe . . . .
Piaster, Grusch, vom Jahre 1818, Englische Probe . . . .
10 Paras-Stücke, Englische Proben . . . .
Beschlie, Englische Probe . . . .
Yuslik vom Jahre 1821 (Constantinopel), befunden . . . .
Yslik-melik vom Jahre 1829 (Bagdad), befunden . . . .
Onlik-yur-melik vom Jahre 1823 (Bagdad), befunden . . . .
Onlik vom Jahre 1836 (Istambul), befunden . . . .
Paras vom Jahre 1829 (Istambul), befunden . . . .
Halbe Piaster neuerer Zeit, Oesterreichische Proben . . . .
Viertel-Piaster neuerer Zeit, Oesterreichische Proben . . . .

6 Piasterstücke vom Jahre 1840, nach Nordamerikan. Untersuchungen .
3 Piasterstücke vom Jahre 1840, nach Nordamerikan. Untersuchungen .
$1\frac{1}{2}$ Piasterstücke vom Jahre 1840, nach Nordamerikan. Untersuchungen .
$\frac{1}{2}$ Piasterstücke vom Jahre 1840, nach Nordamerikan. Untersuchungen .

Neueste Münzen:

20 Piasterstücke, gesetzmäßig . . . .
20 Piasterstücke aus dem Jahre 1845, 2 Stück befunden . . . .
10 Piasterstücke, gesetzmäßig . . . .
10 Piasterstücke aus dem Jahre 1845, 2 Stück befunden . . . .
5 Piasterstücke, gesetzmäßig . . . .
5 Piasterstücke aus dem Jahre 1845, 2 Stück befunden . . . .
2 Piasterstücke, gesetzmäßig . . . .
1 Piasterstücke, gesetzmäßig . . . .

Tunis.

Nach Nordamerikanischen Untersuchungen:

Doppel-Piaster vom Jahre 1829 . . . .
Piaster von den Jahren 1838 und 1839 . . . .
$\frac{1}{2}$ Piaster von den Jahren 1828 und 1829 . . . .
$\frac{1}{4}$ Piaster von den Jahren 1834 und 1835 . . . .
$\frac{1}{8}$ Piaster von den Jahren 1824 bis 1826 . . . .
$\frac{1}{16}$ Piaster von den Jahren 1835 bis 1839 . . . .

Ungarn, s. Oesterreich.

Venedig (ehemaliger Freistaat).

Scudo della croce zu $12\frac{2}{5}$ Lire, Französische Probe . . . .

Auf 1 Köln. Mark Brutto gehen:	Feingehalt.		Auf 1 Köln. Mark fein Silber gehen:	Werth eines Stückes im 13⅓ Thlr. oder 20 Fl. Fuß.	24½ Fl. Fuß.			14 Thlr. Fuß oder in Pr. Courant.		
Stück.	Lth.	Grän.	Stück.	Thlr.	Fl.	Kr.	Pf.	Thl.	Sgr.	Pf.
37,209	5	16,8	100,339	0,13288	—	14	2,6	—	4	2,23
23,982	7	3,5	53,334	0,25000	—	27	2,2	—	7	10,50
215,48	7	3,5	479,210	0,02782	—	3	0,3	—	—	10,52
9,586	11	13,2	13,072	0,01999	1	52	4,5	1	2	1,56
17,700	7	12	36,214	0,36846	—	40	2,4	—	11	7,17
33,898	3	9	154,962	0,08604	—	9	1,9	—	2	8,52
200,000	8	1½	395,876	0,03368	—	3	2,8	—	1	0,73
289,331	2	12	1735,986	0,00768	—	—	3,4	—	—	2,90
1510,000	1	6	18120,000	0,00074	—	—	0,3	—	—	0,28
149,094	7	9	318,067	0,04192	—	4	2,5	—	1	3,85
286,661	7	9	611,542	0,02180	—	2	1,6	—	—	8,24
18,321	7	—	41,876	0,31840	—	35	0,4	—	10	0,36
38,396	6	15	89,903	0,14831	—	16	1,4	—	4	8,06
75,193	6	13	178,972	0,07450	—	8	0,8	—	2	4,16
153,586	2	11	941,123	0,01416	—	1	2,2	—	—	5,35
9,722	13	5 *	11,715	1,13814	2	5	1,9	1	5	10,2
9,733	13	4¾ *	11,740	1,13569	2	5	0,8	1	5	9,3
19,443	13	5 *	23,430	0,56907	1	2	3,0	—	17	11,1
19,249	13	4¾ *	23,220	0,57423	1	3	1,2	—	18	1,0
38,886	13	5 *	46,859	0,28453	—	31	1,5	—	8	11,5
39,032	13	4¾ *	47,083	0,28318	—	31	0,9	—	8	11,0
97,217	13	5 *	117,148	0,11381	—	12	2,2	—	3	7,0
194,434	13	5 *	234,297	0,05691	—	6	1,1	—	1	9,5
10,082	4	5	37,709	0,35359	—	38	3,9	—	11	1,65
20,507	4	3	78,747	0,16932	—	18	2,7	—	5	4,00
40,103	4	5¾	148,549	0,08975	—	9	3,6	—	2	9,92
80,206	4	5	299,991	0,04445	—	4	3,6	—	1	4,80
171,870	4	12½	585,781	0,02276	—	2	2,0	—	—	8,60
324,116	4	5	1212,277	0,01100	—	1	0,8	—	—	4,16
7,449	15	2½	7,873	1,69355	3	6	2,9	1	23	4,16

Silbermünzen.

Venedig (ehemaliger Freistaat).

Ducatone oder Ginstina zu 11 Lire, Englische Probe . . . .
Halbe, nach Verhältniß.
Osella zu 3$\frac{9}{10}$ Lire, Französische Probe . . . .
Ducati d'argento zu 8 Lire, im Durchschnitt nach Französischen Proben
$\frac{1}{2}$ und $\frac{1}{4}$, nach Verhältniß.
Talari zu 10 Lire, Französische Proben . . . .
10 Lire-Stück vom Jahre 1797, Französische Probe . . . .
Lirazza zu 30 Soldi (1778), desgleichen . . . .

Provinzialmünzen unter Oesterreich:

24 Kreuzerstücke zu 2 Lire vom Jahre 1800, Französische Proben . .
12 Kreuzer und 6 Kreuzer vom Jahre 1795, nach Verhältniß.
1 Lira-Stück vom Jahre 1800, Französische Probe . . . .
2 Lire-Stück vom Jahre 1801, Französische Probe . . . .
1$\frac{1}{2}$ Lire-Stück vom Jahre 1802, Französische Probe . . . .
1 Lira-Stück vom Jahre 1802, Französische Probe . . . .

Die neuern Münzen s. Lombardisch-Venetianisches Königreich.

Waldeck und Pyrmont.

Aeltere Münzen:

Speciesthaler vom Jahre 1811, gesetzmäßig . . . .
Kronenthaler vom Jahre 1813, gesetzmäßig . . . .
Kronenthaler oder Palmenthaler vom Jahre 1824, desgleichen . . . .
$\frac{1}{3}$ Thalerstück vom Jahre 1824, befunden. . . . .

Neuere Münzen, nach der Convention v. 30. Juli 1838:

Vereinsmünzen oder Zweithalerstücke = 3$\frac{1}{2}$ Gulden (1842), gesetzmäßig
$\frac{1}{6}$ Thalerstücke (1843), gesetzmäßig . . . .

Scheidemünze (seit 1843):

Silbergroschen zu 12 Pfennigen { Realwerth . . . .
Silbergroschen zu 12 Pfennigen { Nominalwerth . . . .

Westindien.

1. Für die Englischen Besitzungen, Essequibo und Demerary:

3 Gulden vom Jahre 1809, Englische Angabe . . . .
3 Gulden von 1809 und 1816, nach Nordamerik. Untersuchungen . . .

Auf 1 Köln. Mark Brutto gehen:	Feingehalt.		Auf 1 Köln. Mark fein Silber gehen:	Werth eines Stückes im 13⅓ Thlr. oder 20 Fl.Fuß.	24½ Fl.Fuß.			14 Thlr.Fuß oder in Pr. Courant.		
Stück.	Lth.	Grän.	Stück.	Thlr.	Fl.	Kr.	Pf.	Thl.	Sgr.	Pf.
8,593	15	3	9,065	1,47085	2	42	0,6	1	16	3,98
23,926	15	2	25,333	0,52623	—	58	0,1	—	16	6,95
10,335	13	2	12,612	1,05719	1	56	2,2	1	3	3,62
8,153	13	5	9,824	1,35722	2	29	2,5	1	12	9,03
8,153	13	4	9,866	1,35144	2	29	—	1	12	6,84
31,449	6	4	80,869	0,16488	—	18	0,7	—	5	2,32
26	3	15	108,52	0,12286	—	13	2,2	—	3	10,44
49	3	14	207,53	0,06425	—	7	0,3	—	2	0,30
27,7	3	17	112,36	0,11867	—	13	0,3	—	3	8,86
19,4	3	16	79,81	0,16706	—	18	1,7	—	5	3,15
28,6	3	17	116	0,11494	—	12	2,7	—	3	7,45
8⅓	13	6	10	1,33333	2	27	—	1	12	—
7,923	13	16	9,127	1,46087	2	41	0,2	1	16	0,21
7,938	13	16	9,145	1,45799	2	40	3,0	1	15	11,12
26,578	9	15	43,245	0,30832	—	34	—	—	9	8,55
6,3	14	7,2 *	7	1,90476	3	30	—	2	—	—
43¾	8	6 *	84	0,15873	—	17	2	—	5	—
106⅔	3	10 *	480	0,02778	—	3	0,2	—	—	10,5
—	—	—	—	0,03175	—	3	2	—	1	—
10,026	13	1,2	12,277	1,08604	1	59	2,9	1	4	2,52
10,054	13	2	12,269	1,08675	1	59	3,3	1	4	2,79

Silbermünzen.

Westindien.

2 Gulden von 1809, nach Nordamerik. Untersuchungen . . . .
1 Gulden von 1846, nach Nordamerik. Untersuchungen . . . .
1 Gulden von 1832, nach Nordamerik. Untersuchungen . . . .
½ und ¼ Gulden, nach Verhältniß.

2. Für die Dänischen Besitzungen:

20 Schillingstücke von 1816—1840, Dänische Angabe . . . .
10 Schillingstücke von 1816—1840, desgleichen . . . .
2 Schillingstücke, desgleichen . . . .

3. Republik Haiti:

Dollars oder Gourdes zu 100 Cents.
Halbe Dollars zu 50 Cents.
Viertel-Dollars zu 25 Cents.
12 Cents-Stücke.
6 Cents-Stücke.

Diese Münzen zeigen eine so unglaubliche Verschiedenheit im Gehalt wie auch im Gewicht, daß gar keine Werthangaben möglich sind. Nach eigenen Untersuchungen fallen die Gehalte von 9 Loth bis 14 Loth und ohne Beziehung hierauf, das Gewicht von 100 Cents zu 19 bis 25 Stück aus einer Brutto-Mark.

Westphalen (ehemaliges Königreich).

Conventions-Speciesthaler, gesetzmäßig . . . .
⅔ Thalerstücke, Leipziger Fuß, desgleichen . . . .
Dergleichen von feinem Silber, desgleichen . . . .
⅙ Thalerstücke, gesetzmäßig . . . .

5 Frankenstücke, gesetzmäßig . . . .
2 Frankenstücke, desgleichen . . . .
1 Frankstücke, desgleichen . . . .
½ Frankstücke, desgleichen . . . .
20 Centimenstücke von 1808 bis 1812, befunden . . . .
10 Centimenstücke von 1808, 1810 und 1812, befunden . . . .

Württemberg.

Aeltere Münzen:

Conventions-Speciesthaler, gesetzmäßig . . . .

Auf 1 Köln. Mark Brutto gehen:	Feingehalt.		Auf 1 Köln. Mark fein Silber gehen:	Werth eines Stückes im 13⅓ Thlr. oder 20 Fl.Fuß.	24½ Fl.Fuß.			14 Thlr.Fuß oder in Pr. Courant.		
Stück.	Lth.	Grän.	Stück.	Thlr.	Fl.	Kr.	Pf.	Thl.	Sgr.	Pf.
15,123	13	2	18,455	0,72248	1	19	2,6	—	22	9,10
30,330	13	2	37,013	0,36023	—	39	2,9	—	11	4,17
30,120	13	—	37,071	0,35966	—	39	2,6	—	11	3,95
48	10	—	76,8	0,17361	—	19	0,6	—	5	5,62
96	10	—	153,6	0,08680	—	9	2,3	—	2	8,81
192	4	—	768	0,01736	—	—	3,8	—	—	3,28
8⅓	13	6	10	1,33333	2	27	—	1	12	—
13½	12	—	18	0,74074	1	21	2,6	—	23	4
17⅞	15	16	18	0,74074	1	21	2,7	—	23	4
40	8	—	80	0,16667	—	18	1,5	—	5	3
9,354	14	7,2	10,394	1,28284	2	21	1,7	1	10	4,91
23,386	14	7,2	25,984	0,51314	—	56	2,3	—	16	1,97
46,771	14	7,2	51,968	0,25657	—	28	1,1	—	8	0,98
93,542	14	7,2	103,936	0,12828	—	14	0,6	—	4	0,49
60,377	3	3	305,063	0,04371	—	4	3,3	—	1	4,52
118,740	3	3	598,740	0,02227	—	2	1,8	—	—	8,42
8⅓	13	6	10	1,33333	2	27	—	1	12	—

Silbermünzen.

Württemberg.

20 Kreuzerstücke zu 24 Kreuzer {gesetzmäßig . . . .
{Umlaufswerth . . . .

10 Kreuzerstücke zu 12 Kreuzer {gesetzmäßig . . . .
{Umlaufswerth . . . .

Kronenthaler, gesetzmäßig . . . .
Kronenthaler vom Jahre 1825, befunden . . . .
2 Guldenstücke (seit 1824), gesetzmäßig . . . .
1 Guldenstücke (seit 1824), desgleichen . . . .

Neuere Münzen, nach der Convention v. 25. August 1837:

Ein-Guldenstücke, gesetzmäßig . . . .
Halbe Guldenstücke, desgleichen . . . .

Scheidemünze:

6 Kreuzerstücke {Realwerth . . . .
{Nominalwerth . . . .

3 Kreuzerstücke {Realwerth . . . .
{Nominalwerth . . . .

Nach der Convention vom 30. Juli 1838:

Vereinsmünzen à $3\frac{1}{2}$ Gulden oder 2 Thaler, gesetzmäßig . . . . . .

Nach der Convention vom 27. März 1845:

Zwei-Guldenstücke . . . .

Auf 1 Köln. Mark Brutto gehen:	Feingehalt.		Auf 1 Köln. Mark fein Silber gehen:	Werth eines Stückes im 13⅓ Thlr. oder 20 Fl. Fuß.	24½ Fl. Fuß.			14 Thlr. Fuß oder in Pr. Courant.		
Stück.	Lth.	Grän.	Stück.	Thlr.	Fl.	Kr.	Pf.	Thl.	Sgr.	Pf.
35	9	6	60	0,22222	—	24	2	—	7	—
—	—	—	61,25	0,21769	—	24	—	—	6	10,3
60	8	—	120	0,11111	—	12	1	—	3	6
—	—	—	122,5	0,10884	—	12	—	—	3	5,1
7,946	13	16½	9,136	1,45943	2	40	3,6	1	15	11,66
7,972	13	16	9,184	1,45180	2	40	0,2	1	15	8,78
9,1875	12	—	12,250	1,08843	2	—	—	1	4	3,43
18,375	12	—	24,500	0,54422	1	—	—	—	17	1,71
22,05	14	7,2 *	24,5	0,54422	1	—	—	—	17	1 5/7
44,10	14	7,2 *	49	0,27211	—	30	—	—	8	6 6/7
90	5	6 *	270	0,04938	—	5	1,8	—	1	6 2/3
—	—	—	—	0,05442	—	6	—	—	1	8 4/7
180	5	6 *	540	0,02469	—	2	2,9	—	—	9 1/3
—	—	—	—	0,02721	—	3	—	—	—	10 2/7
6,3	14	7,2 *	7	1,90476	3	30	—	2	—	—
11,025	14	7,2 *	12,25	1,08844	2	—	—	1	4	3 3/7

Platinamünzen.

Anhang.

Platina-Münzen.

Rußland.

Nach den Ukasen vom 24. April 1828, 30. November 1829 und 12. September 1830.

12 Rubelstücke (von 1830 an) . . . .
6 Rubelstücke (von 1829 an) . . . .
3 Rubelstücke (von 1828 an) . . . .

Die Ukase vom 22. Juni 1845 verordnet, daß die Ausprägungen von Platina-Münzen eingestellt und die Umlaufenden zurückgezogen werden sollen.

Anmerk. Die Werthangaben sind nach dem Pari des Silber-Rubels bestimmt. Die Preuß.-Köln. Mark Platina wird ausgebracht zu 67,7615 Silber-Rubel oder 73,0043 Thlr. Preuß. Courant. Das Werth-Verhältniß der Platina zum Silber ist also, wie 1 zu 5,2146 und das der Platina zum Golde, wie 3,0093 zu 1, nach dem Cours des Friedrichsd'or à $5\frac{2}{3}$ Thlr.

Auf 1 Köln. Mark Brutto gehen:	Feingehalt.		Auf 1 Köln. Mark fein gehen:	Silberwerth eines Stückes im 13⅓ Thlr. oder 20 Fl. Fuß.	24½ Fl. Fuß.			14 Thlr. Fuß oder in Pr. Courant.		
Stück.	Lth.	Grän.	Stück.	Thlr.	Fl.	Kr.	Pf.	Thl.	Sgr.	Pf.
5,6468	16	—	5,6468	12,3128	22	37	2	12	27	10,24
11,2936	16	—	11,2936	6,1564	11	18	3	6	13	11,12
22,5872	16	—	22,5872	3,0782	5	39	1,5	3	6	11,56

Druck von G. Reimer.

FSC
www.fsc.org
MIX
Papier | Fördert
gute Waldnutzung
FSC® C083411

Kolibri 360 GmbH
Ferdinand-Jühlke-Straße 7
99095 Erfurt, Deutschland
produktsicherheit@kolibri360.de